Platon

/

Politikos
Sophistes

정치가 / 소피스트
–
제1판 1쇄 2014년 7월 20일
–
지은이–플라톤
옮긴이–천병희
펴낸이–강규순
–
펴낸곳–도서출판 숲
등록번호–제406–2004–000118호
주소–경기도 파주시 해바라기길 34
전화–(031) 944–3139 팩스–(031) 944–3039
E–mail–booksoop@korea.com
–

ISBN 978–89–91290–57–0 93100
값 23,000원
–
디자인–씨디자인
–
잘못 만들어진 책은 구입하신 서점에서 바꿔드립니다.
–
이 도서의 국립중앙도서관 출판시도서목록(CIP)은 서지정보유통지원시스템 홈페이지(http://seoji.nl.go.kr)와 국가자료공동목록시스템(http://www.nl.go.kr/kolisnet)에서 이용하실 수 있습니다. (CIP제어번호: CIP2014019781)

Platon

/

Politikos
Sophistes

플라톤

/

정치가
소피스트

-후기 대화편들

천병희 옮김

플라톤 철학이 두드러지는 후기 대화편

/

옮긴이 서문

플라톤(기원전 427년경~347년)은 관념론 철학의 창시자로 소크라테스, 아리스토텔레스와 더불어 서양의 지적 전통을 확립한 철학자이다. 아버지 쪽으로는 아테나이의 전설적인 왕 코드로스(Kodros)로, 어머니 쪽으로는 아테나이의 입법자 솔론(Solon)으로 거슬러 올라가는 부유한 명문가에서 태어난 그는 당시 여느 귀족 출신 젊은이들처럼 정계에 입문할 작정이었다.

그러나 펠로폰네소스 전쟁(기원전 431~404년)에서 아테나이가 패하면서 스파르테가 세운 '30인 참주'들의 폭정이 극에 달하고, 이어서 이들을 축출하고 정권을 잡은 민주제 지지자들에 의해 스승인 소크라테스가 399년에 사형 당하는 것을 본 28살의 플라톤은 큰 충격을 받는다. 그후 정계 진출의 꿈을 접고 철학을 통해 사회 병폐를 극복하기로 결심을 굳힌 그는 철학자가 통치가가 되든지 통치자가 철학자가 되기 전에는 사회가 개선될 수 없다는 확신을 품게 된다.

이 사건이 있은 뒤 이집트, 남이탈리아, 시칠리아 등지로 여행을 떠났던 플라톤은 기원전 4세기 초에 아테나이로 돌아와 영웅 아카데모스(Akademos)에게 바쳐진 원림(園林) 근처에 서양 대학교의 원조라고 할 아카데메이아(Akademeia) 학원을 개설한다. 그리고 쉬라쿠사이의 참주들을 두 번 더 방문한 것 말고는 연구와 강의, 저술 활동에 전념하다가 기원전 347년 아테나이에서 세상을 떠난다.

플라톤은 50년이 넘는 기간에 20편 이상의 철학적 대화편과 소크라테스의 변론 장면을 기술한 『소크라테스의 변론』을 출판했는데, 이것들은 하나도 없어지지 않고 모두 살아남았다. 그 밖에도 13편의 서한이 있지만 과연 플라톤이 썼는지 논란의 여지가 많다.

그의 저술은 편의상 초기 작품, 중기 작품, 후기 작품으로 구분된다. 초기 대화편은 소크라테스의 철학을 충실하게 기록하고 있고, 후기로 갈수록 스승 소크라테스의 입을 빌려 플라톤 자신의 철학을 말하고 있다고들 이야기한다. 『소크라테스의 변론』(*Sokratous apologia*), 『크리톤』(*Kriton*), 『이온』(*Ion*), 『뤼시스』(*Lysis*), 『라케스』(*Laches*), 『카르미데스』(*Charmides*) 등으로 대표되는 초기 작품에서는 소크라테스가 주역을 맡아 대담자들이 제시한 견해들을 검토하고 폐기한다. 『프로타고라스』(*Protagoras*), 『메논』(*Menon*), 『파이돈』(*Phaidon*), 『파이드로스』(*Phaidros*), 『국가』(*Politeia*), 『향연』(*Symposion*)등으로 대표되는 중기 작품에서는 소크라테스가 여전히 주역을 맡고 있지만, 플라톤이 혼불멸론과 이데아(idea)론 같은 자신의 견해를 제시하며 소크라테스의 견해를 해석하고 부연한다. 『정치가』, 『소피스트』, 『필레보스』(*Philebos*), 『티마이오스』(*Timaios*), 『법률』(*Nomoi*) 등으로 대표되는 후기 작품에서는 소크라테스와 함께 혼불멸론과 이데아론이 뒷전으로 물러나고 플라톤의 철학적·논리적 방법론에 관심이 집중되고 있다.

20세기 영국의 철학자 화이트헤드(A. N. Whitehead)는 플라톤이 서양 철학사에 지속적으로 큰 영향을 끼친 것을 두고, 서양 철학사는 플라톤 철학에 대한 각주의 역사라 해도 과언이 아니라는 취지의 말을 한 적이 있는데,* 그의 이런 주장에 이의를 제기하는 사람은 별로 없는 것 같다.

플라톤의 저술들이 2천 년 넘는 세월을 모두 살아남을 수 있었던 것은 물론 그의 심오하고 체계적인 사상 덕분이겠지만, 이런 사상을 극적인 상황 설정, 등장인물들에 대한 흥미로운 묘사, 소크라테스의 인간미 넘치는 아이러니 등으로 재미있고 생동감 있게 독자들에게 전하기 때문일 것이다. 플라톤이 그리스 최고 산문작가 중 한 사람으로 평가받는 것도 그 때문일 것이다.

* A. N. Whitehead, *Process and Reality: An Essay in Cosmology*, Corrected Edition (New york: Free Press 1985 p. 39. "The safest general characterization of the European philosophical tradition is that it consists of a series of footnotes to Plato."

나는 더 많은 독자들에게 이런 플라톤을 소개하고자 난해한 직역과 지나친 의역은 피하고, 원전의 의미를 되도록 알기 쉽게 전달하려고 했다. 그러나 플라톤의 말뜻을 정확히 이해하고 난삽한 문장을 읽기 좋은 우리말로 옮기는 것은 결코 쉬운 일이 아니다. 그런 의미에서 더 나은 이해를 위해 플라톤 번역은 끊임없이 시도되어야 할 것이다.

2014년 6월 천병희

주요 연대표

(이 연대표의 연대는 모두 기원전임)

469년	소크라테스 태어나다
451년	알키비아데스 태어나다
450년경	아리스토파네스 태어나다
445년경	아가톤 태어나다
431년	아테나이와 스파르테 사이에 펠로폰네소스 전쟁이 벌어지다
427년경	플라톤 태어나다
424년	델리온에서 아테나이군이 패하다
423년	소크라테스를 조롱하는 내용의 아리스토파네스의 희극『구름』이 공연되다
404년	펠로폰네소스 전쟁이 끝나고 스파르테가 지원하는 '30인 참주'가 아테나이를 통치하다
403년	'30인 참주'가 축출되고 아테나이에 민주주의가 부활하다
399년	소크라테스가 재판을 받고 사형당하다
387년경	플라톤이 아카데메이아 학원을 창설하다
384년	아리스토텔레스 태어나다
347년	플라톤 죽다

차례

일러두기

1. 『소피스트』와 『정치가』의 대본은 옥스퍼드 고전 텍스트(Oxford Classical Texts) 중 E. A. Duke, W. F. Hicken, W. S. M. Nicoll, D. B. Robinson이 교열한 플라톤 전집 1권(1995년)이다.

2. 주석은 F. M. Cornford(『소피스트』, Dover Philosophical Classics, New York 1957), S. Benardete(『소피스트』, The University of Chicago Press 1986)의 것을 참고했다.

3. 현대어 번역 중에서는 위 F. M. Cornford(『소피스트』), S. Benardete(『소피스트』), N. P. White(『소피스트』, Hackett Publishing Company 1997), A. E. Taylor(『소피스트』『정치가』, London/New York 1961), B. Jowett(『소피스트』『정치가』, Oxford 1953), H. N. Fowler(『소피스트』『정치가』, Loeb Classical Library 2006), E. Brann/P. Kalkavage/E. Salem(『소피스트』『정치가』, Focus Philosophical Library 1996, 2012), C. J. Rowe(『정치가』, Hackett Publishing Company 1997), R. Waterfield(『정치가』, Cambridge University Press 1995), J. B. Skemp(『정치가』, Hackett Publishing Company 1992)의 영어 번역과 F. Schleiermacher(『소피스트』『정치가』, Darmstadt 1974)의 독어 번역, 그리고 이창우(『소피스트』, '정암학당 플라톤 전집' 중에서 2012), 김태경(『정치가』, 한길사 2000)의 우리말 번역을 참고했다.

4. 플라톤에 관한 자세한 참고문헌은 R. Kraut(ed.), *The Cambridge Companion to Plato*, Cambridge University Press 1992, 493~529쪽과 C. Schäfer(Hrsg.), *Platon-Lexikon*, Darmstadt 2007, 367~407쪽을 참고하기 바란다.

5. 본문의 좌우 난외에 표시되어 있는 216a, b, c 등은 이른바 스테파누스(Stephanus, Henricus 프랑스어 이름 Henri Estienne, 16세기 프랑스 출판업자) 표기를 따른 것으로 아라비아숫자는 쪽수를, 로마자는 문단을 나타낸다. 플라톤의 그리스어 텍스트와 주요 영어·독어·프랑스어 번역 등에서는 반드시 이 표기가 사용되고 있어, 이 표기가 없는 텍스트나 역서는 위치를 확인할 수 없어 참고 서적으로서의 가치가 거의 없다고 해도 과언이 아니다.

6. 설명이 필요하다고 생각되는 부분에는 주석을 달았다.

정치가

차 례

/

작품 소개

이 대화편에서는 철인 왕이 다스리는 이상 국가는 어떤 것이어야 하는지 탐색하고 있다. 마치 직조공이 모든 준비 과정을 거쳐서 날실과 씨실을 엮어 천을 짜듯, 이상적인 치자(治者)는 국가의 하부 기관들을 통할하여 모든 시민이 최대한 행복해질 수 있도록 정치라는 천을 짜야 한다. 시민들의 행복은 아랑곳하지 않고 자신이나 특정 집단의 이익을 추구하는 치자는 당파싸움을 일삼는 사이비 정치꾼에 불과하다. 그러나 이상적인 치자를 찾을 수 없을 때는 시민들이 되도록 법을 어길 수 없도록 세심하게 입법하는 것이 차선책이다.

『정치가』는 『국가』, 『법률』과 함께 플라톤의 정치철학에 관심이 있는 사람이라면 반드시 읽어봐야 할 책이다.

대담자

소크라테스(Sokrates 기원전 469~399년) 플라톤의 스승. 여기서는 70세쯤 된 노(老)철학자.

젊은 소크라테스(Sokrates ho neoteros) 철학자 소크라테스와 동명이인으로 아카데메이아 학원 회원.

테오도로스(Theodoros 기원전 460년경 출생) 북아프리카의 퀴레네(Kyrene) 출신 수학자이자 소피스트 프로타고라스(Protagoras)의 제자. 플라톤의 다른 대화편 『테아이테토스』에서 젊은 소크라테스와 테아이테토스의 스승으로 소개되고 있다.

테아이테토스(Theaitetos 기원전 414~369년) 아테나이 출신 수학자이자 철학자로 테오도로스의 제자이며 아카데메이아 학원 회원. 이 대화편에서는 대담에 참가하지 않지만, 이 대화편과 짝을 이루는 『소피스트』에서는 엘레아에서 온 방문객의 대담자 노릇을 한다.

방문객(Xenos Eleates) 『소피스트』에 나오는 '엘레아(Elea 라/Velia)에서 온 방문객'과 동일인으로, 가상의 인물이다. 엘레아는 철학자 파르메니데스(Parmenides)와 제논(Zenon)의 고향이다.

257a **소크라테스** 테오도로스님, 그대 덕분에 테아이테토스와 (엘레아에서 온) 방문객[1]을 알게 되어 얼마나 고마운지 모르겠소.

테오도로스 하지만 소크라테스님, 그들이 그대를 위해 정치가와 철학자의 초상(肖像)을 완성해준다면 그대는 아마 세 배나 더 고마워해야 할 거요.

소크라테스 글쎄요. 그렇다면 친애하는 테오도로스님, 우리는 산술과 기하학에 가장 능한 사람한테서 그렇게 들었노라고 말할까요?

b **테오도로스** 무슨 말씀이신지요, 소크라테스님?

소크라테스 그들[2]의 가치는 그대들의 수학적인 비례로 나타낼 수 있는 것보다 훨씬 더 큰 차이가 나는데도, 그대가 그들 각자에게 동등한 가치를 부여하시니 말이오.

테오도로스 소크라테스님, 우리의 암몬[3] 신에 맹세코, 그대의 비판은 정당하오. 내 계산이 틀렸다는 것을 일깨워주셨으니 말이오. 이에 대해서는 다음 기회에 보갚음하겠소. 그건 그렇고, 손님, 그대는 우리에게 호의를 베푸는 일에 지치지 마시고 정치가와 철학 c
자 가운데 어느 쪽이든 먼저 택해 자세히 설명해주시오.

방문객 테오도로스님, 그건 당연히 우리가 해야 할 일이오. 일단 시작한 이상 결말을 보기 전에는 포기해선 안 되니까요. 하지만 여기 있는 테아이테토스는 어떻게 할까요?

테오도로스 무슨 말씀이신지요?

방문객 그는 쉬게 하고, 그와 함께 단련 중인 여기 있는 젊은 소크라테스가 그를 대신하게 할까요? 아니면 그대는 어떻게 하기를 권하시오?

테오도로스 그대 말씀처럼 젊은 소크라테스가 그를 대신하게 하시죠. 둘은 젊으니 번갈아가며 쉬면 어떤 노고라도 쉽게 견뎌낼 수 있을 테니까요.

소크라테스 게다가 이 두 사람은 어떤 점에서 나와 비슷한 데가 있 d

1 이 두 사람은 『정치가』에 앞서는 대화편 『소피스트』에서 주 대담자로 나온다. 하지만 이 책에서는 『정치가』를 앞에, 『소피스트』를 뒤에 실었다.

2 소피스트와 정치가와 철학자.

3 암몬(Ammon)은 이집트의 신인데, 테오도로스의 고향인 퀴레네 시에서 멀지 않은 시와(Siwah) 오아시스에 유명한 신탁소가 있었다.

는 것 같소, 손님. 한 명[4]은 얼굴이 나와 닮아 보인다고 여러분이
258a 말하고 다른 한 명은 나와 이름이 같으니, 생판 남이라고 할 수 없
겠지요. 우리는 언제나 대화를 통해 우리와 닮은 사람들을 알려고
노력해야 하오. 한데 나는 테아이테토스와는 어제도 대화를 나누
었고,[5] 오늘[6]도 그가 질문에 답변하는 것을 들었소. 하지만 젊은 소
크라테스와는 대화를 나누지 못했고, 그가 질문에 답변하는 것도
듣지 못했소. 우리는 이 젊은이도 들여다보아야 하오. 그는 나에게
는 나중에 답변하게 될 테니, 지금은 그대에게 답변하게 하시오.

방문객 그렇게 하지요. 젊은 소크라테스, 자네는 소크라테스님의 말씀을 듣고 있는가?

젊은 소크라테스 네.

방문객 그렇다면 자네는 이분 말씀에 동의하는가?

젊은 소크라테스 물론이지요.

b **방문객** 자네는 이의를 제기할 뜻이 없는 것 같은데, 나도 굳이 그럴 필요를 느끼지 못하네. 그렇다면 우리는 소피스트에 대한 검토를 마쳤으니 이번에는 정치가를 검토해야 할 것 같네. 말해주게. 우리는 정치가도 지식을 가진 사람[7]들 중 한 명으로 여겨야 하는가? 아니라면 우리는 그를 어떤 사람으로 여겨야 하는가?

젊은 소크라테스 그런 사람으로 여겨야겠지요.

방문객 그렇다면 우리는 앞서 소피스트를 검토할 때처럼 지식을 여러 가지로 나누어야겠지?

젊은 소크라테스 그렇겠지요.

방문객 하지만 젊은 소크라테스, 이전과 똑같이 나뉘지는 않을 것 같네.[8]

젊은 소크라테스 왜 그렇지요?

방문객 다르게 나뉠 테니까. c

젊은 소크라테스 그럴 것 같네요.

방문객 그렇다면 우리는 정치가가 되는 길을 어디서 발견하게 될까? 우리가 해야 할 일은 그 길을 찾는 것이니까. 우리는 그것을 다른 것들에서 따로 떼어낸 다음 거기에 하나의 이데아(idea)를 각인하고, 나머지는 모두 하나의 다른 범주[9]에 속하는 것으로 간주해야 하니까. 그러면 우리의 혼은 모든 지식이 두 가지 범주[10]로 구분된다고 생각할 수 있을 걸세.

젊은 소크라테스 손님, 그 길을 발견하는 것은 그대나 감당할 수 있지 나는 감당할 수 없을 것 같아요.

방문객 하지만 젊은 소크라테스, 그 길이 무엇인지 일단 발견하면 d
그 발견은 틀림없이 자네의 것이기도 할 걸세.

4 테아이테토스. 『소피스트』에서 방문객과 먼저 대담한 아카데메이아 학원 회원.
5 대화편 『테아이테토스』에서.
6 대화편 『소피스트』에서.
7 ho epistemon.
8 『소피스트』 219b 이하에서 전문 지식은 획득술과 제작술로 나뉜다.
9 eidos.
10 '두 가지 범주'란 여기서 이데아와 이데아가 아닌 것들을 말하는 듯하다.

젊은 소크라테스 옳은 말씀이에요.

방문객 그런데 산술[11]이나 그와 비슷한 다른 기술들은 행위와는 관계가 없고 단지 지식만을 제공하는 것이 아닐까?

젊은 소크라테스 그렇지요.

방문객 그에 반해 건축이나 수공 일반에 내포된 지식은 다소간 행
e 위와 관련되기 마련이고 전에는 존재하지 않던 물체를 만들어내는 데 일조하네.

젊은 소크라테스 왜 아니겠어요?

방문객 그러니 모든 지식을 그런 식으로 나누어, 한쪽은 실천적[12]인 지식이라 부르고, 다른 한쪽은 순수 이론적[13]인 지식이라 부를 수 있을 걸세.

젊은 소크라테스 전체로 볼 때는 하나인 지식을 그대가 그렇게 두 범주로 나누는 데 동의해요.

방문객 그렇다면 우리는 정치가, 왕, 노예의 주인, 재산 관리인도 모두 하나의 범주에 속하는 것으로 간주할까, 아니면 그들을 가리키는 이름만큼이나 많은 기술이 존재한다고 할까? 아마도 다음과 같은 관점에서 사물을 보는 게 더 나을 걸세.

젊은 소크라테스 그게 어떤 관점이지요?

259a **방문객** 누가 공직에 있지 않으면서도 공의(公醫)에게 조언할 능력이 있다고 가정해보게. 그럴 경우 그는 당연히 그에게 조언 받는 사람과 같은 직함으로 불려야 하지 않을까?

젊은 소크라테스 그래야겠지요.

방문객 어떤가? 누가 자신은 공직에 있지 않지만 나라의 왕에게 조언할 능력이 있다면, 우리는 그가 통치자가 가져야 하는 지식을 갖고 있다고 말해야 하지 않을까?

젊은 소크라테스 그렇게 말해야겠지요.

방문객 그러나 진정한 왕[14]이 가진 지식은 왕도(王道)[15]에 관한 것 b
이겠지?

젊은 소크라테스 네.

방문객 그리고 그런 지식을 가진 사람은 치자(治者)든 평범한 시민이든 어쨌거나 그런 전문 기술[16]을 갖고 있으니 왕도의 전문가라고 불리어 마땅하지 않을까?

젊은 소크라테스 그래야 옳겠지요.

방문객 만약 우리가 정치가의 지식과 정치가, 그리고 왕의 지식과 왕을 같은 범주에 포함시킨다면, 이는 우리가 이 모두를 같은 것으로 여기기 때문이겠지?

젊은 소크라테스 그야 분명 그렇지요.

방문객 그리고 재산 관리인과 노예의 주인 사이에는 아무 차이도

11 arithmetike.

12 praktike.

13 gnostike.

14 basileus. 철인 왕.

15 basilike.

16 techne.

없네.

젊은 소크라테스 물론이지요.

방문객 어떤가? 통치[17]와 관련해서는 규모가 큰 가정과 규모가 작은 국가 사이에 아무 차이도 없겠지?

젊은 소크라테스 없고말고요.

c **방문객** 그렇다면 우리의 지금 질문에 대한 답변은 분명하네. 이 모든 것과 관련된 지식[18]은 한 가지뿐이라는 걸세. 그리고 누가 그것을 왕도 또는 정치가의 지식[19] 또는 가사 관리[20]라고 부르더라도 우리는 그에게 시비 걸지 않기로 하세.

젊은 소크라테스 물론이지요.

방문객 또 한 가지 분명한 것은, 왕이 자신의 권위를 지키는 데 손이나 몸으로 기여할 수 있는 것은 지성과 마음의 힘으로 기여할 수 있는 것에 견주면 보잘것없다는 걸세.

젊은 소크라테스 분명해요.

방문객 그렇다면 우리는 왕이 손재주나 근본적으로 실천적인 지
d 식보다는 이론적인 지식에 더 가깝다고 말할까?

젊은 소크라테스 당연히 그래야지요.

방문객 이어서 우리가 이론적인 지식을 나눈다면 순서대로 진행하는 것이겠지?

젊은 소크라테스 물론이지요.

방문객 유심히 살펴보면 자네는 이론적인 지식 안에서 갈라진 틈을 발견할 수 있을 걸세.

젊은 소크라테스 어떤 종류의 것인지 말씀해주세요.

방문객 이런 종류의 것일세. 우리에게는 계산의 기술 같은 것이 있 e
는 듯하네.

젊은 소크라테스 네.

방문객 내가 생각하기에, 그것은 분명 이론적인 지식에 속하네.

젊은 소크라테스 왜 아니겠어요?

방문객 계산의 기술이 수(數)들 사이의 차이를 인식하면, 우리는 계산의 기술에 그것이 인식한 것을 판단하는 것 이상의 과제는 부여하지 않겠지?

젊은 소크라테스 물론이지요.

방문객 또한 도편수들도 모두 자신은 일꾼 노릇을 하지 않고 일꾼들을 다스리네.

젊은 소크라테스 네.

방문객 그가 제공하는 것은 지식이지 수공[21]이 아닐세.

젊은 소크라테스 그렇지요.

방문객 그렇다면 그는 이론적인 지식을 갖고 있다고 말하는 것이 260a
옳을 걸세.

17 arche.

18 episteme.

19 politike.

20 oikonomike.

21 cheirourgia.

젊은 소크라테스 물론이지요.

방문객 하지만 내가 보기에 그의 경우에는 일단 판단하고 나서 계산 전문가처럼 그것으로 끝내고 떠나는 것은 타당하지 않은 것 같네. 오히려 그는 일꾼들에게 각자 무엇을 해야 하는지 지시하고, 그들이 과연 그가 지시한 대로 하는지 지켜보아야 하네.

젊은 소크라테스 옳은 말씀이에요.

방문객 그렇다면 이런 종류의 모든 지식과 계산에 의존하는 모든 지식은 둘 다 이론적인 지식이지만, 이 두 부류 사이에는 한쪽은
b 지시하고 다른 쪽은 판단한다는 점에서 차이가 있겠지?

젊은 소크라테스 그런 것 같아요.

방문객 그러니 만약 우리가 이론적인 지식 전체를 양분하여 한쪽은 '지시하는 부분'[22]이라 부르고 다른 쪽은 '판단하는 부분'[23]이라 부른다면 제대로 나누었다고 할 수 있겠지?

젊은 소크라테스 나는 그렇다고 확신해요.

방문객 그러나 무슨 일을 함께 하는 사람들끼리는 서로 화합하는 것이 바람직하네.

젊은 소크라테스 왜 아니겠어요?

방문객 그렇다면 우리가 지금 과제에 함께 참여하는 동안에는 남들 생각에는 개의치 말아야 할 걸세.

젊은 소크라테스 물론이지요.

c **방문객** 자, 우리는 왕도의 전문가[24]를 이 두 종류의 전문 기술 가운데 어느 쪽에 배정할까? 우리는 그가 일종의 관객인 것처럼 판

단하는 부류에 배정할까, 아니면 그가 남들의 주인이니 지시할 줄 아는 사람으로 간주하는 것이 더 바람직할까?

젊은 소크라테스 지시할 줄 아는 사람으로 간주하는 것이 당연히 더 바람직하겠지요.

방문객 그렇다면 이번에는 지시하는 부류의 전문 기술이 대체 어디서 나뉘는지 살펴보아야 하네. 내 보기에 대충 다음과 같이 나뉘는 것 같네. 소매상들이 제 물건을 직접 파는 직매상과 나뉘는 것과 똑같은 방식으로 왕들은 전령들과 나뉘는 것 같단 말일세. d

젊은 소크라테스 어째서 그렇지요?

방문객 소매상들이 하는 일은 이미 팔린 남의 물건을 넘겨받아 되파는 것일세.

젊은 소크라테스 물론이지요.

방문객 전령들이 하는 일도 남이 먼저 생각한 것을 넘겨받아 지시받은 대로 다른 사람들에게 전달하는 것일세.

젊은 소크라테스 지당하신 말씀이네요.

방문객 어떤가? 우리는 왕이 하는 일을 통역관이나 선장이나 예언자나 전령 같은 수많은 다른 사람이 하는 일과 같은 것으로 여길 e
것인가? 그들은 모두 지시를 하니까. 아니면 우리는 조금 전에 직

22 epitaktikon meros.

23 kritikon meros.

24 ho basilikos.

매상을 소매상과 비교한 선례에 따라 비슷한 이름을 지어낼 것인가? 스스로 지시하는 사람들을 가리키는 이름은 사실상 없으니까. 그러면 우리는 문제의 집단을 그런 기준에 따라 나누어, 왕들을 스스로 지시하는 부류에 배정할 수 있을 걸세. 나머지 부류는 무시하고, 그들을 위한 이름을 찾아내는 일은 다른 누군가에게 맡길 수 있을 걸세. 우리의 탐구 목적은 치자를 찾아내는 일이어서 치자가 아닌 사람에게는 관심이 없으니까.

261a **젊은 소크라테스** 물론이지요.

방문객 남에게서 비롯된 것과 자신에게서 비롯된 것을 구별함으로써 두 부류를 적절히 구분했으니, 다음 우리 과제는 스스로 지시하는 부류를 구분하는 것이겠지? 이 부류도 더 나눌 수 있다면 말일세.

젊은 소크라테스 물론이지요.

방문객 내가 보기에 그것은 가능한 것 같네. 하지만 내가 나눌 수 있도록 자네가 도와주어야 하네.

젊은 소크라테스 어디서 나누신다는 거죠?

b **방문객** 알고 보면 모든 종류의 치자가 지시를 내리는 것은 어떤 결과를 산출하기 위해서가 아닐까?

젊은 소크라테스 왜 아니겠어요?

방문객 또한 산출되는 모든 것을 두 부류로 나누는 것도 그다지 어려운 일은 아니라네.

젊은 소크라테스 어떻게 나누신다는 거죠?

방문객 그중 어떤 것은 생명이 있고, 어떤 것은 생명이 없네.

젊은 소크라테스 네.

방문객 이런 구분은 우리가 이론적인 지식의 지시적인 부분을 나누는 데도 도움이 될 걸세.

젊은 소크라테스 어떤 점에서요?

방문객 우리는 그중 한 부분은 살아 있지 않은 것들의 산출에 배정하고, 한 부분은 살아 있는 것들의 산출에 배정할 수 있겠지. 그 c
렇게 하면 모든 것이 당장 둘로 나뉠 걸세.

젊은 소크라테스 전적으로 동의해요.

방문객 우리는 이것들 가운데 하나는 제쳐두고 하나를 취한 다음 전체를 둘로 나누세.

젊은 소크라테스 그대는 우리가 두 부분 가운데 어느 것을 취해야 한다고 생각하세요?

방문객 그야 물론 살아 있는 것들과 관련하여 지시를 내리는 부분이지. 왕은 도편수처럼 살아 있지 않은 것들에 권위를 행사하는 것으로 볼 수는 없으니까. 아니, 왕의 역할은 더 고귀해서, 왕은 언 d
제나 살아 있는 것들 사이에서 살아 있는 것들과 관련하여 힘을 행사한다네.

젊은 소크라테스 옳은 말씀이에요.

방문객 또한 살아 있는 것들의 산출과 양육과 관련하여 우리는 어떤 것은 단일 양육으로, 어떤 것은 집단 돌봄으로 볼 수 있을 걸세.

젊은 소크라테스 옳은 말씀이에요.

방문객 그러나 우리는 정치가가 소몰이꾼이나 마부처럼 살아 있는 것들을 개별적으로 양육하는 것이 아니라, 말 떼나 소 떼를 먹이는 사람과 더 비슷하다는 것을 발견하게 될 걸세.

젊은 소크라테스 말씀을 듣고 보니 그런 것 같네요.

e **방문객** 그렇다면 우리는 다수의 살아 있는 것들을 함께 양육하는
것을 무엇이라고 부를 텐가? 무리 양육[25]이라고 할까, 아니면 집단
양육[26]이라고 할까?

젊은 소크라테스 우리 논지에 부합하는 것이라면 어느 것이든 좋아요.

방문객 좋은 말일세, 젊은 소크라테스. 자네가 명칭에 대해 그렇듯
유연한 태도를 견지한다면 늙어갈수록 더 지혜로워질 걸세. 그러
나 지금은 자네가 권하는 대로 이름을 두고 왈가왈부하지 않기로
하세. 그런데 자네는 무리 양육이 두 가지라는 것을 보여줄 방법을
262a 찾을 수 있겠나? 그럴 수 있다면 우리는 지금처럼 두 배나 넓은 영
역에서 찾는 것을 앞으로는 반쪽의 영역에서 찾을 수 있을 걸세.

젊은 소크라테스 최선을 다해볼게요. 내가 보기에, 인간들의 양육과 동물들의 양육 사이에는 차이가 있는 것 같아요.

방문객 자네는 그야말로 최선을 다해 과감하게 나누었네. 하지만 앞으로는 되도록 이런 일이 일어나지 않게 해야 하네.

젊은 소크라테스 어떤 일이 일어나지 않게 해야 한다는 거죠?

방문객 우리는 형상[27]을 언급하지 않은 채 하나의 작은 부분을 떼
b 어내 그것을 많은 큰 부분과 대비해서는 안 된다는 말일세. 부분[28]

은 형상의 일부이니까. 우리가 찾는 것을 단번에 다른 것들과 제대로 구분할 수 있다면 그야말로 더없이 훌륭한 일이겠지. 조금 전에 자네가 시도했듯이 말일세. 자네는 우리의 논의가 인간들 쪽으로 향하는 것을 보고는 자네가 제대로 구분한 줄 알고 논의를 서둘렀네. 하지만 여보게, 세분하는 것은 안전하지 못하며, 사물의 한가운데를 자르는 것이 더 안전한 법일세. 그렇게 하면 형상[29]과 마주칠 가능성이 더 많으니까. 철학적인 탐구를 위해서는 그렇게 하는 것이 더없이 중요하네. c

젊은 소크라테스 손님, 그게 무슨 말씀이신지요?

방문객 젊은 소크라테스, 나는 자네가 마음에 드니까 더 자세히 설명해보겠네. 지금으로서는 그것을 완벽하게 설명하기란 불가능하지만 조금이라도 더 분명히 밝혀봐야겠지.

젊은 소크라테스 그대는 아마 방금 내가 구분할 때 어떤 실수를 했는지 설명하실 수 있겠지요.

방문객 비유로 설명하겠네. 누가 인류를 둘로 나누려 한다고 가정해보게. 대부분의 헬라스[30]인들은 헬라스인들을 나머지 인류와 d

25 agelaiotrophia.

26 koinotrophike.

27 eidos.

28 meros.

29 idea.

30 Hellas. 그리스의 그리스어 이름이다.

구분하며, 다른 부족들 모두에게 '이민족'[31]이라는 하나의 명칭을
붙이네. 다른 부족들은 헤아릴 수 없이 많고 서로 섞이지도 않고
서로 말도 통하지 않는데 말일세. 그리고 그들은 이렇듯 하나의 명
칭을 사용하기에 이들이 하나의 유(類)라고 예상하네. 또는 누가
수(數)를 두 부분으로 나눌 요량으로 만(萬)을 다른 모든 수에서
e 떼어내 그것을 하나의 유로 만들고 나머지는 별도의 명칭에 포함
시키면서 그것들에 하나의 명칭을 부여했으니 여기에도 하나의 유
가 있다고 주장한다고 가정해보게. 하지만 누가 수를 짝수와 홀수
로 나누고 인류를 남자와 여자로 나눈다면, 그는 종에 따라 더 훌
륭하게 둘로 나눈 셈이네. 그러나 만약 떼어낸 반쪽들이 동시에
유이자 부분이 되도록 나눌 수 없다면, 그는 뤼디아인들이나 프뤼
263a 기아[32]인들이나 그 밖의 다른 부족을 떼어내 전 인류와 대치시킬
수도 있을 걸세.

젊은 소크라테스 지당하신 말씀이에요. 하지만 손님, 문제는 유와 부분이 같은 것이 아니라 서로 다른 것이라는 점을 어떻게 해야 더 쉽게 알 수 있느냐는 거예요.

방문객 참으로 좋은 질문일세, 젊은 소크라테스. 그러나 자네 질
문에 답변하기란 쉬운 일이 아닐세. 우리 논의가 이미 필요 이상
옆길로 샜는데, 자네는 더욱더 옆길로 새도록 재촉하는구먼. 지금
b 은 본론으로 돌아가는 편이 좋을 것 같네. 나중에 시간이 나면 우
리는 자네가 제기한 문제를 추적할 걸세. 하지만 자네는 결코 나
한테서 명확한 설명을 들었다고 생각해서는 안 될 걸세.

젊은 소크라테스 어떤 설명 말씀이죠?

방문객 유와 부분은 서로 다르다는 것 말일세.

젊은 소크라테스 그에 관해 무슨 말을 들었다고 할까요?

방문객 유가 어떤 것의 유라고 불린다면 유는 필연적으로 그 어떤 것의 부분일 수밖에 없지만, 부분은 유일 필요가 전혀 없네. 자네는 언제나 내가 말하려는 것은 이것이고 다른 것이 아니라고 주장해야 하네.

젊은 소크라테스 그럴게요.

방문객 다음 질문에도 대답해주게! c

젊은 소크라테스 어떤 질문인가요?

방문객 우리의 논의가 거기서부터 옆길로 새어 여기까지 이르게 된 문제점 말일세. 내 생각에 우리 논의가 옆길로 샌 것은, 무리 양육을 어떻게 나눌 것이냐는 질문에 자네가 살아 있는 것들은 두 부류인데, 하나는 인간들로 구성되고 다른 하나는 그 밖의 모든 동물로 구성된다고 단호하게 답변했을 때였던 것 같네.

젊은 소크라테스 맞아요.

방문객 내가 보기에 자네는 그때 한 부분을 떼어내면서 나머지는
모두 짐승이라는 공통된 이름으로 부를 수 있기에 하나의 유를 이 d

31 barbaros. 정확히는 비(非)그리스인.

32 뤼디아(Lydia)는 소아시아의 중부지방이고, 프뤼기아(Phrygia)는 소아시아의 서북지방이다.

루는 것으로 생각하는 것 같았네.

젊은 소크라테스 그 역시 그대가 말씀하신 그대로예요.

방문객 여보게, 자네의 용기는 가상하지만 다음 가능성을 생각해 보게. 지혜롭다고 여겨지는 학(鶴)이나 그 밖의 다른 동물들을 미화하여 자네가 적용한 것과 같은 원칙에 따라 이름을 부여하면서 학들을 다른 모든 동물들과 대비시키고, 인간을 포함한 다른 동물들을 함께 뒤섞어 '짐승'이라는 이름으로 부른다고 생각해보란

e 말일세. 우리는 이런 종류의 과오는 반드시 피해야 하네.

젊은 소크라테스 어떻게 피하지요?

방문객 동물 전체를 유로 나누지 않는다면 그럴 위험이 줄어들 걸세.

젊은 소크라테스 그렇다면 나누지 말아야겠네요.

방문객 그렇지. 그 때문에 우리는 앞서 과오를 범했으니까.

젊은 소크라테스 어째서 그렇지요?

방문객 지시를 내리는 이론적인 지식은 동물들의 양육, 특히 군서 동물들과 관련되네. 그렇지 않은가?

젊은 소크라테스 네, 그래요.

264a **방문객** 그럴 경우에도 이미 모든 동물은 길들여진 것과 야생의 것으로 나뉘었네. 길들여질 수 있는 것들은 길들여진 것들이라 불리고, 길들여질 수 없는 것들은 야생의 것들이라 불렸으니까.

젊은 소크라테스 옳은 말씀이에요.

방문객 그러나 우리가 뒤쫓고 있는 지식[33]은 예나 지금이나 길든

것들과 관련되며, 군서동물들 사이에서 찾아야 하네.

젊은 소크라테스 네.

방문객 그러니 우리는 앞서 그랬듯이 동물 전체를 바라보며 나누어서도 안 되고, 통치술에 빨리 도달하기 위해 서둘러서도 안 될 걸세. 속담에 나오는 불행을 당하지 않으려면. b

젊은 소크라테스 그게 어떤 속담이지요?

방문객 급하다고 바늘허리에 실 매어 쓸까! 그러니까 우리는 시간 여유를 갖고 제대로 나누었어야 했네.

젊은 소크라테스 그러니까 우리는 응분의 벌을 받은 셈이군요, 손님.

방문객 그렇다고 치고, 동물들의 집단 양육을 처음부터 다시 나눠 보세. 그러면 논의가 끝날 때쯤에는 자네가 찾는 것을 더 또렷이 볼 수 있을 걸세. 자네에게 물어볼 게 있네.

젊은 소크라테스 그게 뭐죠?

방문객 네일로스[34] 강이나 대왕[35]의 연못들에 길들인 물고기가 있다는 말을 가끔 들은 적이 있는가? 자네가 직접 그곳에 가보지는 c 못했을 테니까. 그렇지만 자네는 샘에서 그런 물고기를 봤을 수도 있을 걸세.

젊은 소크라테스 나는 이곳에서도 그런 물고기를 보았을뿐더러, 외

33 통치술.

34 네일로스(Neilos)는 나일 강의 그리스어 이름이다.

35 페르시아 왕.

국에도 그런 물고기가 있다는 말을 종종 들었어요.

방문객 또한 자네는 텟살리아[36] 평야를 몸소 돌아다니지 않았더라도 틀림없이 그곳 사람들이 거위와 학을 기른다는 말을 듣고는 그것이 사실이라고 믿고 있을 걸세.

젊은 소크라테스 물론이지요.

d **방문객** 내가 자네에게 이 모든 것을 묻는 이유는, 군서동물은 두 가지가 있는데, 어떤 것들은 물에 사는 것들이고 어떤 것들은 뭍에 사는 것들이기 때문일세.

젊은 소크라테스 그렇고말고요.

방문객 그렇다면 자네는 집단 양육의 전문 지식을 둘로 나누어 그중 하나를 각각 이들에게 배정하여 하나는 물에 사는 것들의 양육이라 부르고 다른 하나는 뭍에 사는 것들의 양육이라 부르는 데 동의하는가?

젊은 소크라테스 동의해요.

방문객 그렇다면 왕도가 이 두 전문 기술 가운데 어느 것에 속하
e 는지 물을 필요는 없겠지. 그것은 누구에게나 자명하니까.

젊은 소크라테스 왜 아니겠어요?

방문객 뭍에 사는 군서동물들은 누구나 나눌 수 있을 걸세.

젊은 소크라테스 어떻게 나눈다는 거죠?

방문객 날개 달린 것과 발 달린 것으로 나누지.

젊은 소크라테스 지당하신 말씀이에요.

방문객 어떤가? 우리는 통치술을 발 달린 것들의 영역에서 찾아야

하지 않을까? 자네는 아무리 어리석은 사람이라도 그렇게 할 거라 고 생각하지 않나?

젊은 소크라테스 그렇게 생각하고말고요.

방문객 우리는 발 달린 것들의 양육 기술도 짝수처럼 둘로 나누어야 하네.

젊은 소크라테스 물론 그렇지요.

방문객 이제 우리 논의의 목적지인 그 유 또는 부분을 향하여 두 265a
갈래 길이 뻗어 있는 것이 보이는 듯하네. 하나는 더 빠른 길로 작은 부분을 큰 부분에서 떼어내는 것이고, 다른 하나는 우리가 조금 전에 언급한 되도록 가운데로 잘라야 한다는 원칙에 더 부합하지만 더 먼 길일세. 우리는 어느 길이든 원하는 길로 갈 수 있네.

젊은 소크라테스 어때요? 두 길을 모두 갈 수는 없나요?

방문객 여보게, 두 길을 동시에 갈 수 있다면 놀라운 일이겠지. 그러나 번갈아 갈 수는 있네.

젊은 소크라테스 그렇다면 번갈아 두 길을 가겠어요. b

방문객 그건 쉬운 일이지. 우리는 목적지 가까이 와 있으니까. 우리가 막 출발했거나 중간쯤 와 있다면 자네의 요구를 들어주기가 어렵겠지. 그러나 지금은 자네가 그렇게 하기를 원하니 먼저 먼 길부터 가기로 하세. 아직 기운이 팔팔한 동안에는 여행하기가 더

36 텟살리아(Thessalia)는 그리스 반도의 북부지방이다.

쉬울 테니까. 내가 어떻게 나누는지 지켜보게나.

젊은 소크라테스 말씀하세요.

방문객 길든 군서동물들 가운데 발 달린 것들은 본성상 둘로 나뉘네.

젊은 소크라테스 무엇에 의해서죠?

방문객 어떤 것들은 뿔이 달리고, 어떤 것들은 뿔이 없으니까.

c **젊은 소크라테스** 그런 것 같네요.

방문객 자네가 발 달린 동물들의 양육을 둘로 나누고 각 부분에 적절한 내용을 부여한다면, 정의(定義)하는 편이 더 나을 걸세. 자네가 그것들에 이름을 붙이려 한다면 필요 이상으로 일이 복잡해질 테니까.

젊은 소크라테스 그렇다면 어떻게 정의할까요?

방문객 이를테면 자네는 "우리는 발 달린 동물들의 양육에 관한 지식을 둘로 나누어 그중 한 부분은 뿔 달린 군서동물에, 다른 부분은 뿔 없는 군서동물에 배정했소"라고 말할 수 있겠지.

d **젊은 소크라테스** 내가 그렇게 말한 것으로 해두죠. 그건 이제 충분히 밝혀졌으니까요.

방문객 또 하나 분명한 것은 왕은 뿔 없는 군서동물들의 목자(牧者)라는 점일세.

젊은 소크라테스 분명 그래요.

방문객 그렇다면 이 뿔 없는 군서동물을 나누어 왕의 것은 왕에게 배정하도록 하세.

젊은 소크라테스 당연히 그래야겠지요.

방문객 자네는 이 부류를 '발굽이 갈라진 것'과 이른바 '통발굽'으로 나누기를 원하는가, 아니면 '이종교배'와 '비이종교배'로 나누기를 원하는가? 자네는 내 말이 무슨 뜻인지 알 걸세.

젊은 소크라테스 무슨 말씀이신지요?

방문객 말과 당나귀는 서로의 새끼를 밸 수 있다는 말일세.[37] e

젊은 소크라테스 네.

방문객 그러나 길들여진 동물들 가운데 그 밖의 다른 뿔 없는 군서동물들은 이종교배가 불가능하네.

젊은 소크라테스 물론이지요.

방문객 어떤가? 자네는 정치가가 돌보는 것이 어떤 동물들이라고 생각하나? 순종인가 아니면 교배종인가?

젊은 소크라테스 그야 분명 비교배종이지요.

방문객 그렇다면 지금까지 그랬듯이 이 종을 둘로 나누어야 할 것 같네.

젊은 소크라테스 당연히 그래야지요.

방문객 길들여진 군서동물은 벌써 모두 둘로 나뉘었네. 두 종을 266a
제외하고는 말일세. 개들은 군서동물로 여길 수 없으니까.

젊은 소크라테스 개들은 당연히 군서동물로 여길 수 없지요. 하지

37 예컨대 노새는 암말과 수나귀 사이에서 태어난 변종이다.

만 나머지 두 종은 무엇을 이용해 나누어야 하나요?

방문객 자네와 테아이테토스에게 알맞은 것을 이용하게. 자네들은 둘 다 기하학에 관심이 많기에 하는 말일세.

젊은 소크라테스 그게 뭐지요?

방문객 대각선을 이용하게. 그러고 나서 다시 대각선의 대각선을 이용하게.

젊은 소크라테스 무슨 말씀이신지요?

b **방문객** 그렇다면 우리 인간들의 본성을 생각해보게. 우리는 걷기 위해 무엇을 갖추고 있는가? 그것은 두 발로 세울 수 있는 대각선과 똑같지 않은가?

젊은 소크라테스 다르지 않아요.

방문객 그렇다면 이번에는 다른 종들의 본성을 생각해보게. 그것은 우리 인간들의 대각선의 대각선일세. 그것은 두 발의 두 배인 네 발로 세울 수 있으니까.

젊은 소크라테스 왜 아니겠어요? 이제는 그대의 말뜻을 대충 이해할 것 같아요.

방문객 그게 전부가 아닐세, 젊은 소크라테스. 우리가 이렇게 나
c 누다보니 유명한 우스갯소리가 생겨난 것이 보이지 않는가?

젊은 소크라테스 그게 뭐지요?

방문객 우리 인류는 동물들 가운데 가장 고상하고 가장 태평스러운 것[38]들과 같은 제비를 뽑아 서로 경쟁했다는 말일세.

젊은 소크라테스 보여요. 참 이상한 일도 다 있지요.

방문객 어떤가? 가장 느린 것들이 당연히 맨 꼴찌로[39] 도착하지 않겠는가?

젊은 소크라테스 그야 그렇지요.

방문객 그런데 자네는 왕이 자신의 군서동물들과 계속해서 함께 달리면서 태평스러운 삶에 가장 숙련된 사람[40]과 경쟁한다면 더 우스꽝스러워 보일 거라는 것을 모르겠는가? d

젊은 소크라테스 당연히 그렇겠지요.

방문객 젊은 소크라테스, 앞서 소피스트에 관한 탐구에서 우리가 말한 것[41]이 이제야 더욱 분명해졌네.

젊은 소크라테스 그게 뭐지요?

방문객 우리가 추구하는 것과 같은 논의 방법에는 어떤 것이 위풍당당한가 아니면 초라한가 하는 것은 전혀 상관 없다는 것 말일세. 그런 종류의 탐구는 사소한 것이라고 무시하지 않고 중요한 것이라고 선호하지 않으면서, 언제나 그 자체로 가장 참된 결론에 도달한다네.

젊은 소크라테스 그런 것 같아요.

방문객 그렇다면 이번에는 자네가 묻기를 기다리지 않고, 아까 언 e

38 돼지.

39 '맨 꼴찌'의 그리스 원어 hystata에 '돼지'라는 뜻의 hys가 들어 있는 것을 가지고 언어유희를 하고 있다.

40 돼지치기.

41 『소피스트』 227b~c 참조.

급한 짧은 길을 택해 왕이 무엇인지 내가 자진해서 정의해볼까?

젊은 소크라테스 제발 그렇게 해주세요.

방문객 내가 생각하기에, 그때 우리는 발 달린 동물을 당장 두 발 달린 것과 네 발 달린 것으로 나누었어야 하네. 그랬으면 날개 달린 동물만이 인간들과 같은 부류에 속한다는 것을 보고 두 발 달린 군서동물을 다시 날개 달린 부류와 날개 없는 부류로 나누었을 걸세. 그리하여 인간 양육 기술이 분명하게 드러나면 그때는 우리가 정치가와 왕을 데려와서 이 기술의 마부로 삼고 그에게 국가의 고삐를 맡길 수 있었을 걸세. 이 분야의 전문 지식은 당연히 그의 것이니까.

267a **젊은 소크라테스** 설명해주셔서 고마워요. 그대는 내게 빚진 것을 갚았을 뿐 아니라 대안(代案)도 제시했으니, 이자까지 갚은 셈이네요.

방문객 그렇다면 이제 처음으로 돌아가 정치가의 전문 기술의 이름에 관한 우리 정의를 끝까지 엮어나가보세.

젊은 소크라테스 당연히 그래야지요.

방문객 처음에 우리는 이론적인 지식에는 지시를 내리는 부분이 있다고 주장하며, 그중 일부를 비유적으로 '스스로 지시하는'[42] 부
b 분이라고 불렀네. 이어서 우리는 스스로 지시하는 분야의 결코 무시할 수 없는 부분으로 동물 양육의 기술을 떼어냈네. 우리는 동물 양육의 한 부류가 군서동물 양육이고, 또 군서동물 양육의 한 부류가 발 달린 동물 양육이라는 것을 알아냈네. 또한 발 달린 동

물 양육에서는 무엇보다도 뿔 없는 동물 양육 기술이 분리되었네. 그리고 이 기술의 한 부분을 하나의 이름으로 부르려 한다면 그것을 '비교배종'의 '양육' '기술'이라 부름으로써 자그마치 세 가지 성분을 한데 묶어야 할 걸세. 그러나 이 부류를 더 나누면 두 발 달 c
린 군서동물에게 남아 있는 유일한 가능성은 인간 양육 기술인데, 바로 이것이 우리가 찾던 것으로 왕도이자 통치술이라고 불렀던 그 기술일세.

젊은 소크라테스 전적으로 동의해요.

방문객 그런데 젊은 소크라테스, 우리는 이 일을 자네가 말한 대로 했는가?

젊은 소크라테스 무엇을 두고 하시는 말씀이신지요?

방문객 우리 주제가 정말로 충분히 논의되었느냐는 말일세. 아니
면 우리가 나름대로 정의하기는 했지만 그것이 완전하지 못하다 d
는 점에서 우리의 탐구는 여전히 부족한가?

젊은 소크라테스 무슨 말씀이신지요?

방문객 나는 우리 두 사람을 위해 내 생각을 더 분명히 밝혀볼까 하네.

젊은 소크라테스 말씀하세요.

방문객 방금 우리는 무리 양육에 관한 기술이 많다는 것을 발견했

42 autepitaktikon.

는데, 통치술은 그중 하나로 특정 군서동물에 대한 돌봄[43]이 아니었던가?

젊은 소크라테스 네, 그래요.

방문객 그래서 우리의 논의는 통치술을 말이나 다른 동물의 양육이 아니라 인간들의 집단 양육 기술로 규정했던 걸세.

젊은 소크라테스 그랬지요.

e **방문객** 그렇다면 왕과 다른 목자의 차이를 살펴보세.

젊은 소크라테스 어떤 차이 말씀인가요?

방문객 다른 목자의 경우, 다른 기술의 직함을 가진 누군가가 자기도 같은 무리를 그와 공동으로 돌본다고 주장하는가?

젊은 소크라테스 무슨 말씀이신지요?

방문객 이를테면 상인, 농부, 방앗간 주인, 거기에 더하여 체육교사와 의사를 생각해보게. 자네도 알다시피, 그들은 모두 백성의
268a 목자들인 이른바 정치가들과 경합하며 자기들은 보통의 인간 집단뿐만 아니라 치자들의 양육도 돌본다고 온갖 논리를 동원해 주장할 걸세.

젊은 소크라테스 그들의 주장이 옳지 않나요?

방문객 그럴지도 모르지. 그 점에 관해서는 나중에 검토할 걸세. 하지만 우리가 이미 알고 있는 것은 소 치는 목자들의 경우 아무도 그런 종류의 논쟁을 벌이지 않는다는 걸세. 소 치는 목자는 자신이 소 떼를 양육하고, 자신이 의사이며, 자신이 교미시키고, 새
b 끼의 분만과 출산에 관련된 산파술의 유일한 전문가일세. 또한 그

는 소 떼가 본성적으로 받아들일 수 있는 한 소 떼에게 놀이와 음악을 제공하는데, 소 떼를 그보다 더 훌륭하게 달래고 진정시킬 수 있는 사람은 아무도 없네. 그는 악기를 이용하든 육성을 이용하든 소 떼에게 맞는 음악을 가장 잘 연주하니까. 이 점은 다른 동물들을 돌보는 목자들의 경우도 마찬가지일세. 그렇지 않은가?

젊은 소크라테스 지당하신 말씀이에요.

방문객 그렇다면 왕에 관한 우리의 논의가 어떻게 옳고 완전해 보일 수 있겠는가? 우리가 그와 경합하는 수많은 사람들 중에서 c
그를 떼어내 그만을 목자로, 인간 무리의 양육자로 삼는다면 말일세.

젊은 소크라테스 옳다고 할 수 없겠지요.

방문객 그렇다면 조금 전에 우리가 우려했던 것은 당연하지 않은가? 그때 비록 왕의 윤곽을 우리 나름대로 그리긴 했지만, 그의 주위에 몰려들어 자기들도 그와 함께 목자 노릇을 한다고 주장하는 자들을 배제한 다음 그들에게서 그를 떼어내 그만의 순수한 모습을 보여줄 때까지는 아직은 우리가 정치가의 초상을 완전하게 그린 것은 아니라고 의심했네.

젊은 소크라테스 당연하고말고요. d

방문객 그러니 젊은 소크라테스, 우리는 그 일을 해야 하네. 우리

43 epimeleia.

가 장차 우리 논의에 치욕을 안겨주지 않으려면 말일세.

젊은 소크라테스 어떤 일이 있어도 그것은 막아야지요.

방문객 그렇다면 우리는 처음부터 다시 시작해 다른 길로 다가가야 하네.

젊은 소크라테스 그게 어떤 길이지요?

방문객 잠시 숨 좀 돌리자는 말일세. 우리는 유명한 신화의 큰 부
e 분을 이용하여 앞으로도 종전처럼 번번이 부분에서 부분을 떼어 냄으로써 우리가 찾던 정상에 도달하게 될 테니까. 그렇게 할까?

젊은 소크라테스 물론이지요.

방문객 그렇다면 내 이야기를 새겨듣게, 어린아이들처럼. 자네는 소년기를 넘긴 지가 얼마 안 되니까.

젊은 소크라테스 말씀이나 하세요.

방문객 옛날에 되풀이해서 이야기되고 앞으로도 두고두고 이야기될 수많은 옛이야기 가운데 내가 염두에 두고 있는 특별한 사건은 아트레우스와 튀에스테스 형제가 서로 사이가 나쁠 때 일어났던 기적일세.[44] 자네도 아마 들었을 테고, 그때 어떤 일이 일어났다고들 하는지 기억하고 있을 걸세.

젊은 소크라테스 아마도 황금 새끼 양의 전조에 관해 말씀하시는 것 같네요.

269a **방문객** 그게 아니라, 해와 별들이 지고 뜨는 일에 생긴 변화 말일세. 당시에는 해와 별들이 지금 뜨는 곳에서 지고 그 반대 방향에서 뜨곤 했는데, 그때 신이 아트레우스를 선호한다는 징표로 모든

것을 지금의 체계로 바꿔버렸대.

젊은 소크라테스 아닌 게 아니라 그렇게도 이야기하더군요.

방문객 우리는 또한 크로노스[45] 치세(治世)에 관한 이야기도 많이 들었네.

44 펠롭스(Pelops)의 아들 아트레우스(Atreus)는 언젠가 자신의 양 떼 가운데 가장 아름다운 양을 아르테미스(Artemis) 여신에게 제물로 바치겠다고 서약한다. 그러나 황금 새끼 양이 나타나자 그는 서약을 지키는 대신 황금 새끼 양을 목 졸라 죽인 뒤 그 양모피를 상자에 넣어두고 지킨다. 그러나 그의 아내 아에로페(Aerope)가 자기와 간통한 사이인 그의 아우 튀에스테스(Thyestes)에게 그것을 넘겨준다. 펠롭스의 자손을 자신들의 왕으로 뽑으라는 신탁을 받은 뮈케네(Mykene)인들이 아트레우스와 튀에스테스에게 사람을 보냈기 때문이다. 누가 왕이 될 것이냐를 놓고 그들이 토의하고 있을 때 튀에스테스가 공언하기를, 황금 새끼 양을 갖고 있는 자가 왕위를 차지해야 한다고 주장한다. 아트레우스가 이에 동의하자 튀에스테스는 새끼 양을 보여주고 왕이 된다. 그러나 제우스는 아트레우스에게 헤르메스(Hermes)를 보내 해가 거꾸로 돌 경우 아트레우스가 왕이 되기로 튀에스테스와 협약을 맺으라고 지시한다. 튀에스테스가 이에 동의하자 해가 동쪽으로 진다. 그리하여 튀에스테스가 찬탈자라는 점을 신이 명백히 밝히자 아트레우스가 왕위를 차지하고 튀에스테스를 추방한다. 나중에 그는 아내가 간통했다는 사실을 알게 되자 튀에스테스에게 전령을 보내 화해하자고 제안하는데, 튀에스테스가 도착하자 시종일관 우애를 가장하다가 튀에스테스의 아들들이 탄원자로서 제우스의 제단에 앉았는데도 죽인다. 그러고 나서 그는 조카들을 토막 내어 요리한 다음 사지만 빼고 튀에스테스 앞에 내놓는다. 튀에스테스가 아들들의 고기를 배불리 먹었을 때 아트레우스는 아이들의 사지를 보여주며 그를 나라에서 추방한다. 튀에스테스가 아트레우스에게 복수하려고 신탁에 묻자 친딸과 교합해서 아들을 낳아야 복수할 수 있다는 대답이 돌아온다. 그리하여 아버지와 딸 사이에서 태어난 아이기스토스(Aigisthos)는 훗날 장성하자 자기가 튀에스테스의 아들임을 알고는 아트레우스를 죽이고 왕권을 튀에스테스에게 넘겨준다.

b **젊은 소크라테스** 아주 많이 들었지요.

방문객 옛날 사람들은 다른 사람에게서 태어나지 않고 땅에서 태어났다는 이야기는 어떤가?

젊은 소크라테스 그 또한 옛이야기들 가운데 하나이지요.

방문객 이 모든 이야기들과 이보다 더 놀라운 다른 이야기들은 사실 같은 사건에서 유래한 걸세. 그러나 그때 이후로 기나긴 세월이 흐른 까닭에 어떤 이야기들은 잊히고 다른 이야기들은 흩어져서 별도의 이야기로 전해졌네. 하지만 이 모든 것의 원인이 된 사건은
c 어느 누구도 이야기하지 않았네. 그러나 이제 내가 이야기해야겠네. 그러는 것이 왕도를 이해하는 데 도움이 될 테니까.

젊은 소크라테스 좋은 생각이에요. 제발 그 이야기를 남김없이 다 들려주세요.

방문객 그렇다면 들어보게. 신은 때로는 우리의 이 우주를 몸소 인도하며 운행을 돕기도 하지만, 때로는 정해진 시간만큼 돌고 나면 놓아버린다네. 그러면 우리의 우주는 저절로 반대 방향으로 도
d 로 굴러가는데, 우주는 살아 있는 물체인 데다 원래 조립한 이가 지성을 부여했기 때문이지. 우주가 이렇듯 역주행의 능력을 타고 날 수밖에 없었던 데에는 다음과 같은 사정이 있네.

젊은 소크라테스 그 사정이라는 게 뭐죠?

방문객 가장 신적인 것들만이 언제나 변하지 않고 자기 동질성을 유지할 수 있으며, 물체는 어떤 것도 이 부류에 속하지 않네. 하지만 우리가 하늘 또는 우주라고 부르는 것은 그것의 창조자에게 많

은 축복을 받았지만 어느 정도 물체의 속성도 갖고 있기에 변화에 e
서 완전히 자유로울 수 없네. 그러나 그것은 되도록 같은 장소에서 같은 방법으로 움직이며 단일 운동을 고수하네. 또한 그것이 역주행의 능력을 지닌 까닭은 그렇게 하는 것이 종전의 운동을 되도록 가장 적게 바꾸기 때문일세. 움직이는 모든 것들의 창조자 외에는 언제나 스스로 움직일 수 있는 것은 아무것도 없으며, 그런 창조자가 그것들을 때로는 이쪽 방향으로 때로는 저쪽 방향으로 움직인다고 생각하는 것은 신성모독일세. 이 모든 점들을 고려할 때 우주는 언제나 스스로 움직인다든가, 우주 전체를 신이 상반된
두 방향으로 움직인다든가, 상반된 의도를 품은 두 신이 우주를 270a
움직인다고 말해서는 안 되네. 남은 가능성은 하나뿐이며 그것은 우리가 방금 언급한 대로 우주는 어떤 때는 외재하는 어떤 신적인 존재에 힘입어 움직이지만(이 기간에 우주는 창조자에게서 새로운 생명을 받아 불멸성으로 충만하지), 어떤 때는 놓여나 저절로

45 우라노스(Ouranos '하늘')와 가이아(Gaia '대지')의 막내아들인 크로노스(Kronos)는 어머니의 권고를 받아들여 아버지를 거세하고 스스로 우주의 지배자가 되지만, 자신도 자식들 중 한 명에 의해 권좌에서 축출당할 운명이라는 것을 알고는 자식들이 태어나는 족족 삼켜버린다. 그러나 막내아들 제우스(Zeus)가 어머니의 기지 덕분에 아버지에게 삼켜지지 않고 장성하여 훗날 아버지 크로노스를 축출하고 올륌포스(Olympos) 신들의 시대를 개막한다. 기원전 700년경의 그리스 서사시인 헤시오도스(Hesiodos)에 따르면, 크로노스 치세 때의 인간들은 황금족으로 고통과 노령을 몰랐으며 농사를 짓지 않아도 대지에는 먹을거리가 넘쳐났다고 한다. 『일과 날』(*Erga kai hemerai*) 109~120행.

움직이는 것일세. 그리고 우주가 그럴 때 놓여나면 수만 번을 구르며 역주행을 하는데, 부피가 크고 완전히 균형이 잡힌 데다 선회축이 아주 좁기 때문이지.

b **젊은 소크라테스** 그대의 이야기는 전체적으로 아주 일리가 있는 것 같아요.

방문객 그렇다면 방금 이야기한 것들에 근거하여 우리가 이 모든 놀라운 일들의 원인이라고 단언했던 사건을 고찰하고 이해하도록 하세. 그것은 사실은 다음과 같은 것일세.

젊은 소크라테스 어떤 것이지요?

방문객 우주는 때로는 지금 회전하는 방향으로 움직이지만, 때로는 그 반대 방향으로 움직인다는 것이네.

젊은 소크라테스 어째서 그렇지요?

방문객 우리는 이런 변화가 하늘에서 일어나는 전환(轉換)[46] 가운
c 데 가장 크고 완전한 것이라고 생각해야 하네.

젊은 소크라테스 그런 것도 같아요.

방문객 그렇다면 우주 안에 살고 있는 우리는 그때 가장 큰 변화들을 겪는다고 생각해야 할 걸세.

젊은 소크라테스 그도 그런 것 같아요.

방문객 동물들이 크고 많은 변화를 동시에 겪게 되면 살아남기 어렵다는 것은 우리도 다 아는 사실 아닌가?

젊은 소크라테스 물론 그렇지요.

방문객 그리하여 그때 동물 일반이 대규모로 파멸할 수밖에 없었

고, 인간들도 소수만이 살아남았네. 그들에게는 새롭고 놀라운 d
일들이 많이 일어났지만, 내가 설명하려고 하는 가장 큰 사건은 우주가 지금 돌고 있는 것과 반대 방향으로 돌기 시작한 그때 우주의 역주행 때문에 생긴 결과일세.

젊은 소크라테스 그게 어떤 것이지요?

방문객 첫째, 살아 있는 모든 것이 그때 나이가 얼마였든 나이 먹기를 그만두고, 죽게 마련인 모든 것이 더 늙어 보이기를 멈추었
네. 그러더니 모두 반대쪽으로 방향을 바꾸어 더 젊어지고 더 부 e
드러워지기 시작했네. 노인들의 백발은 검어지고, 수염 난 사람들의 볼은 다시 매끈해지고 지난날의 젊음을 되돌려주었네. 또한 젊은이들의 몸은 날마다 밤낮없이 더 부드러워지고 더 젊어지더니 갓난아이로 되돌아가 정신적으로나 육체적으로나 갓난아이를 닮아갔네. 그때부터 그들은 쇠약해지더니 완전히 사라지고 말았네.
또한 이 기간에 비명횡사한 사람들의 시신도 짧은 기간에 같은 변 271a
화를 겪더니 며칠 안에 망가져 사라져버렸네.

젊은 소크라테스 하지만 손님, 그때 동물들은 어떻게 태어났으며, 부모가 어떻게 자식을 낳았나요?

방문객 젊은 소크라테스, 그때는 부모가 자식을 낳는 일 같은 것은 분명 없었네. 그때는 옛이야기가 들려주는 대지에서 태어난 종

46 trope.

족이 생존했는데, 바로 이들이 대지에서 돌아오기 시작하던 시기
b 였네. 이들에 대한 기억은 이전 주기가 막 끝나고 현재 주기가 갓
시작했을 때 태어난 우리 선조들에 의해 간직되었네. 오늘날 많은
사람들이 부당하게도 불신하는 이 이야기를 우리에게 전해준 이
들은 바로 그분들이었으니까. 우리는 이 이야기를 숙고해야만 그
의미를 알 수 있을 걸세. 죽어서 땅속에 누워 있던 사람들이 다시
형태를 갖추고 되살아난다는 것은 노인들이 어린아이로 돌아간
다는 생각과 일치한다는 말일세. 우주가 역주행하며 탄생의 과정
도 반대 방향으로 뒤바뀌었으니까. 그리하여 신이 다른 운명을 향
c 하여 데려가는 사람들[47] 말고는 누구나 필연적으로 대지에서 태어
난 자들이 되어 그런 이름으로 불리고 그런 이야기를 들을 수밖에
없는 것이라네.

젊은 소크라테스 그것은 확실히 앞 이야기와 완전히 일치하는 것
같군요. 그런데 그대가 말하는 '크로노스 치세 때'의 삶은 우주의
저 주기 때의 일인가요, 아니면 이 주기 때의 일인가요? 별들과 해
의 진로는 분명 두 주기 모두에서 바뀌니까요.

d **방문객** 자네, 내 말뜻을 잘 알아듣는구먼. 자네가 묻고 있는 삶,
그러니까 인간들에게 모든 것이 대지에서 저절로 생겨나던 삶은
현재 주기와는 전혀 무관하고 이전 주기의 특징 중 하나일세. 그때
는 신이 우주의 회전 전체를 지배하고 보살피기 시작했으며, 우주
의 부분들이 여러 수호신들 사이에 완전히 분할되면서 영역별로
도 같은 일이 일어났기 때문이지. 게다가 동물들은 여러 수호신[48]

들이 목자 노릇을 하도록 종류별·무리별로 그들에게 배정되었는데, 각각의 수호신은 자기가 돌보는 동물들에게 필요한 모든 것을
대주는 것이 유일한 의무였지. 그래서 동물들은 어느 것도 사납거 e
나 서로 잡아먹지 않았으며 서로 싸우거나 다투지 않았네. 그런 우주 질서의 결과들을 보기를 들어 설명하자면 한도 끝도 없을 걸세. 하지만 인간들의 편안한 삶에 관한 이야기로 되돌아가서, 그런 이야기가 전해진 까닭은 다음과 같네. 마치 오늘날 인간들이 신에 더 가까운 존재로서 하등동물들을 방목하듯, 그때는 신이 몸소 인간의 무리를 다스리며 방목했네. 그러나 신이 그들의 목자였을 때는 정체(政體)[49]도, 처자의 소유도 없었네. 그들은 모두 전
생(前生)을 기억하지 못한 채 대지에서 삶으로 돌아왔으니까. 그 272a
런 것들은 없었지만 그들에게 나무와 다른 식물들에서 나는 열매들은 풍족했는데, 경작하지 않아도 대지가 자진하여 열매들을 대준 거지. 그들은 또한 옷도 입지 않고 침구도 없이 대개 야외에서 살았는데, 기후는 온화한 편이고 대지에서 무성하게 자라는 풀이
푹신한 침대가 되어주었기 때문일세. 젊은 소크라테스, 이것이 크 b

47 철학자들이나, 메넬라오스(Menelaos)처럼 '축복받은 사람들의 섬들'로 옮겨진 사람들이나, 헤라클레스(Herakles)처럼 신의 반열에 오른 사람들.

48 theios daimon. daimon은 신과 인간의 중간적인 존재로, 경우에 따라 '정령'이라고 번역되기도 한다.

49 politeia.

로노스 치세 때 살던 사람들의 삶이었네. 제우스 치세라고 불리는 현재의 삶이 어떤 것인지는 자네가 몸소 겪어봐서 알고 있을 걸세. 자네는 둘 중 어느 쪽이 더 행복한 삶인지 판단할 수 있겠는가? 아니면 판단하고 싶은가?

젊은 소크라테스 나는 전혀 판단할 수 없어요.

방문객 그렇다면 자네는 내가 어떤 방법으로든 판단해주기를 바라는가?

젊은 소크라테스 제발 그렇게 해주세요.

방문객 좋아. 크로노스의 양자(養子)들은 그토록 여가가 많은 데다 인간들뿐만 아니라 동물들과도 대화할 수 있는 능력을 타고났
c 네. 그러나 문제는 그들이 자신들의 이런 이점들을 모두 철학을 위해 사용했느냐 하는 것일세. 만약 그들이 동물들과도 자기들과도 대화하고 어떤 종류의 동물이 남다른 능력이 있다는 것을 발견할 때마다 그것이 지혜를 늘리는 데 어떤 독특한 방법으로 기여하는지 알려고 노력했다면, 그때 사람들이 요즘 사람들보다 천 배나 만 배나 더 행복했으리라고 판단하는 것은 쉬운 일일 걸세. 그러나 만약 그들이 배가 터지도록 먹고 마시며 저들끼리도 동물들과도 그들이 나눈 것으로 오늘날 전해지는 그런 종류의 대화나 나눈
d 다면, 적어도 내가 보기에는 이 경우에도 판단하기가 어렵지 않은 것 같네. 하지만 이 문제는 제쳐두세. 그때 사람들이 지식과 관련하여 이 두 가지 가운데 어떤 태도를 취했으며 어떤 목적을 위해 대화를 나누었는지 믿을 만한 정보를 제공할 수 있는 누군가를 우

리가 만날 때까지는 말일세. 지금은 우리가 왜 이런 이야기를 끄집
어냈는지 그 이유를 말해야겠지. 그래야만 우리가 이야기를 진척
시켜 결론을 내릴 수 있을 테니까.

결국 이 모든 것들의 기한이 차서 변화의 시간이 다가왔을 때
대지에서 태어난 종족은 완전히 소멸되었네. 개개의 혼이 정해진 e
횟수만큼 씨앗으로서 땅에 떨어짐으로써 출생을 모두 마쳤기 때
문이지. 그러자 우주의 키잡이는 키를 놓아버리고 자신의 감시 초
소로 물러갔으며, 운명과 운명의 타고난 욕구는 우주가 역주행하
게 만들었네. 그러자 최고신과 더불어 우주의 여러 영역을 통치하
던 신들도 모두 무슨 일이 일어났는지 금세 알아차리고 자신들이
다스리던 우주의 영역들을 돌보기를 그만두었네.

우주는 그것이 출발하여 나아가던 것과 반대되는 방향으로 도 273a
로 밀쳐지며 엄청나게 충격을 받았고, 이런 충격은 또다시 모든 종
류의 생물을 절멸시켰네. 그러나 그 뒤 충분한 시간이 흐르자 혼
돈과 혼란이 종식되고 충격이 가라앉으며 우주는 평온을 되찾았
고 익숙한 궤도에 정상적으로 진입했네. 그리고 우주는 자신과 자 b
신 안에 있는 것들을 돌보며 지배했고 아버지 창조주의 가르침을
최대한 상기하여 실천에 옮겼네. 우주는 그분의 지시를 처음에는
아주 정확하게 이행했지만, 우주에는 물질적인 요소가 섞여 있는
탓에 나중에는 덜 정확하게 이행했네. 물질적인 요소는 우주의 원
초적인 요소 가운데 하나로 현재의 우주 질서에 이르기 전에는 몹
시 무질서했기 때문이지. 우주는 창조주로부터는 훌륭한 것들만

c 받았지만 이전 상태로부터는 하늘의 악과 불의를 스스로 가질뿐
더러 동물들 안에도 그것이 생겨나게 했네. 우주가 키잡이의 도움
을 받는 동안에는 자기 안에서 양육한 생물들 안에 나쁜 것은 적
게 낳고 좋은 것은 많이 낳았네. 그러다가 키잡이는 떠나버리지.
그러면 키잡이가 떠난 직후에는 우주가 여전히 모든 것을 잘 관리
하지만, 세월이 흐르면 그분의 지시를 점점 더 망각하네. 그러면
d 태초의 부조화 상태가 우주를 지배하게 되고, 이 시기가 끝날 때
쯤 망각이 기승을 부리면 우주 안에 좋은 것은 적게 섞이고 나쁜
것은 많이 섞여서, 우주는 스스로도 그 안에 있는 것들도 파멸의
위기를 맞게 되지.

그러면 우주에 질서를 부여한 신은 바로 그 순간 우주가 어려움
에 맞닥뜨린 것을 보고는 우주가 폭풍에 들까불려 산산조각이 나
e 고 끝없는 혼돈의 바다에 침몰할까 봐 염려되어 다시 키잡이 자리
에 앉는다네. 그러고 나서 그는 우주가 제멋대로 하던 이전 주기
때 병들고 무질서해진 것을 되돌려 다시 제 궤도에 올려놓음으로
써 우주를 죽음도 나이도 모르는 존재로 만든다네.

이것이 우리 이야기의 전부일세. 그중 첫 부분은 왕도의 본성을
이해하는 데 도움이 될 걸세. 자네도 보다시피, 일단 우주가 오늘
날의 생성 주기로 되돌아서자 생물의 노화(老化) 과정이 다시 멈
추고 이전 현상과 상반되는 새로운 변화들이 일어났네. 작아서 사
라질 뻔했던 생물들은 자라나기 시작했고, 대지에서 백발로 갓 태
274a 어난 몸들은 도로 죽어 대지로 돌아가기 시작했네. 우주에 일어난

일은 모든 것이 겪는 변화에서도 반복되고 재현되었으며, 특히 임신과 출산, 양육 과정은 보편적인 양식을 따를 수밖에 없었네. 왜냐하면 동물이 상이한 요소들의 결합을 통해 땅속에서 자란다는 것은 더 이상 불가능하고, 마치 우주 전체가 자기 진로에 스스로 책임지도록 정해졌듯이 우주의 모든 구성요소들도 같은 충동에 이끌려 최대한 자력으로 성장하고 출산하고 양육하도록 정해졌기 때문이지.

이제 우리는 사실상 우리 논의의 결말에 다다랐네. 다른 동물 b
들이 어떻게 왜 변했는지 설명하기란 어렵고 복잡한 일이지만 인간들에게 일어난 일을 설명하는 것은 오래 걸리지 않을 텐데, 그것이 우리 목적에는 더 중요하니까. 전에는 어떤 수호신이 우리의 임자로서 우리를 부양했지만, 나중에 우리는 그분의 돌봄도 받지 못했네. 게다가 원래 성질이 거칠던 대부분의 동물은 사나워져서 원래 약한 데다 무방비상태가 된 인간들을 먹이로 삼기 시작했네.
이 초기의 인간들에게는 아직 도구도 없고 기술도 없었네. 전에는 c
저절로 자라던 먹을거리가 떨어졌어도, 전에는 그럴 필요를 전혀 느끼지 못해 먹을거리를 마련할 방법을 몰랐기 때문이지. 이 모든 이유에서 인간들은 큰 곤경에 빠졌네. 그래서 신들은 필요한 교육과 훈련과 더불어 우리가 옛이야기로 전해 듣는 선물들을 인간들
에게 주었네. 불은 프로메테우스[50]가, 기술은 헤파이스토스[51]와 d
그의 동료 기술자인 여신[52]이, 씨앗과 식물은 다른 신들[53]이 주었네. 그리고 인생을 살아가는 데 도움이 된 것은 모두 그것들에서

파생하였네. 그도 그럴 것이, 내가 조금 전에 말한 것처럼 신이 더 이상 돌봐주지 않자 인간들은 혼자 힘으로 살림을 꾸려나가고 스스로 자신을 돌봐야 했으니까. 우리가 때로는 지금 방식으로, 때로는 이전 방식으로 태어나 자라면서 언제까지고 모방하고 따라
e 야 하는 우주 전체가 그러듯이 말일세. 이쯤에서 신화 이야기는 끝내고, 이 이야기를 이용해 우리가 이전 논의에서 왕과 정치가를 설명할 때 얼마나 큰 실수를 저질렀는지 알아보도록 하세.

젊은 소크라테스 얼마나 큰 실수를 우리가 저질렀는지 알아보시겠다니, 그대는 어째서 그런 말씀을 하시는 거죠?

방문객 어떤 관점에서는 대수롭지 않은 실수이지만, 다른 관점에서는 내가 그때 생각했던 것보다 훨씬 중차대한 실수였네.

젊은 소크라테스 무슨 말씀이신지요?

방문객 현재의 주기와 생식 방법에 관해 질문 받았을 때 우리는 인
275a 간 무리의 목자에 관해 말했네. 그러나 그는 반대 주기에 속하므로 인간이라기보다는 신일세. 그런 관점에서 우리는 중대한 실수를 저질렀네. 그런데 우리는 그가 나라 전체를 다스린다고 말하면서 어떻게 다스리는지 설명하지는 못했네. 이런 관점에서 우리가 말한 것은 불완전하고 불명확하네. 하지만 그것은 사실이었으니, 이 실수는 다른 실수보다는 경미한 편일세.

젊은 소크라테스 옳은 말씀이에요.

방문객 그렇다면 먼저 정치가가 어떻게 나라를 다스리는지 정의해야 할 것 같네. 그래야만 정치가를 둘러싼 우리 논의가 완전해지

기를 기대할 수 있을 테니까.

젊은 소크라테스 훌륭한 말씀이에요.

방문객 바로 그런 이유에서 신화도 소개했던 것이라네. 다른 사람 b
들도 모두 우리가 찾고 있는 진정한 목자의 경쟁자라는 것을 보여 주기 위해서. 그리고 혼자 그런 호칭을 받을 자격이 있는 그를 우리가 더 명확히 볼 수 있도록 말일세. 우리가 사용한 비유에 따르면 목자들과 목부들 중 그만이 인간들을 돌보니까.

젊은 소크라테스 옳은 말씀이에요.

방문객 하지만 젊은 소크라테스, 내 생각에 신적인 목자의 모습이
왕의 모습보다 훨씬 더 큰 것 같네. 한편 오늘날 지상에 존재하는 c
정치가들은 피치자들과 성질도 대동소이하고, 사실상 같은 교육을 받으며 같은 방식으로 양육되었네.

젊은 소크라테스 전적으로 옳은 말씀이에요.

방문객 하지만 그렇더라도 우리는 그들의 성질이 피치자들과 같은지, 아니면 신적인 목자와 같은지 고찰하지 않으면 안 될 걸세.

젊은 소크라테스 물론이지요.

50 프로메테우스(Prometheus '사전에 생각하는 자')는 티탄(Titan) 신족 중 한 명인 이아페토스(Iapetos)의 아들로, 인간들에게 불을 가져다주었다고 한다.

51 헤파이스토스(Hephaistos)는 그리스 신화에서 불과 금속공예의 신이다.

52 아테나(Athena)는 전쟁과 직조와 도예와 올리브 재배의 여신이다.

53 곡물과 농업의 여신 데메테르(Demeter)와 포도주의 신 디오뉘소스(Dionysos).

방문객 문제의 대목으로 되돌아가, 우리는 동물들에 대해 개별적
d 이 아니라 집단적으로 몸소 지시를 내리는 기술에 관해 말하면서 그때는 그것을 대뜸 무리 양육 기술[54]이라고 불렀네. 기억나는가?

젊은 소크라테스 네.

방문객 그 어디쯤에서 실수를 저질렀네. 우리는 정치가를 포함시키지도 않고 언급하지도 않았으니 말일세. 우리가 이름을 붙이느라 여념이 없는 사이, 그는 우리도 모르게 달아나버렸네.

젊은 소크라테스 무슨 말씀이신지요?

방문객 다른 목자들은 저마다 자기 무리들을 '양육'하는 것 같네. 그러나 정치가는 그러지 않는데도, 우리는 모든 목자에게 공통된
e 명칭을 사용해야 했을 때 정치가에게도 그런 명칭을 붙였던 걸세.

젊은 소크라테스 옳은 말씀이에요. 정말로 그런 명칭이 있다면 말예요.

방문객 어떤가, 그들 모두에게 '돌봄'이라는 말을 사용할 수 있지 않을까? 이 말은 양육[55]이나 그 밖의 특별한 의무를 뜻하는 것은 아니니까. 우리가 '무리 보살핌' '무리 돌봄' 또는 '무리 관리'라고 했더라면 그런 보편적인 이름에는 우리 논의가 요구하는 대로 다른 이들과 함께 정치가도 포함되었을 걸세.

276a **젊은 소크라테스** 옳은 말씀이에요. 하지만 그 다음에는 어떻게 나눠었을까요?

방문객 앞서 우리가 무리 양육을 발이 달렸느냐 날개가 달렸느냐, 순종이냐 교배종이냐, 뿔이 있느냐 없느냐에 따라 나누었듯이, 무

리 돌봄도 이 같은 차이들에 따라 나누었더라면 거기에는 오늘날의 왕정뿐 아니라 크로노스 치세 때 왕정도 우리 논의에 포함되었을 거라는 말일세.

젊은 소크라테스 그런 것 같네요. 하지만 내가 묻는 것은 그다음 단계가 무엇이냐는 거예요.

방문객 만약 우리가 무리 보살핌이라는 말을 썼더라면, 정치가에게 돌봄 같은 것은 없다고 아무도 이의를 제기하지 못했을 걸세. b
비록 인간 삶에 양육이라 불릴 자격이 있는 기술은 없으며, 실제로 그런 것이 있다면 왕들 가운데 한 명보다는 많은 다른 사람이 자기에게 우선권이 있다고 주장할 것이라는 이전의 이의 제기는 정당하다 하겠지만 말일세.

젊은 소크라테스 옳은 말씀이에요.

방문객 그러나 인간 공동체를 돌보고 인간 전체를 다스리는 데서는 어떤 기술도 왕도정치보다 자기에게 우선권이 있다고 주장하지 c
는 못할 걸세.

젊은 소크라테스 옳은 말씀이에요.

방문객 젊은 소크라테스, 다음 할 일은 마지막 단계에서 우리가 큰 실수를 저질렀다는 점을 아는 걸세.

젊은 소크라테스 어떤 실수를 저질렀나요?

54 agelaiotrophike.

55 trophe.

방문객 두 발 달린 무리의 양육 기술 같은 것이 있다고 확신하더라도 우리는 마치 모든 문제가 해결된 것처럼 그것을 곧장 왕도정치 또는 통치술이라고 부르면 안 된다는 말일세.

젊은 소크라테스 그렇다면 어떻게 했어야 하나요?

방문객 앞서 말했듯이 먼저 양육보다는 돌봄이라는 취지로 이름
d 을 바꾸고 나서 그 기술을 나누어야 하네. 아직도 작지 않은 크기
들로 나눌 여지가 있을 테니까.

젊은 소크라테스 어떻게 나눈다는 거죠?

방문객 먼저 신적인 목자와 인간적인 돌보는 이로 나눠보게.

젊은 소크라테스 옳은 말씀이에요.

방문객 인간에게 주어진 돌봄 기술도 다시 둘로 나누어야 하네.

젊은 소크라테스 어떻게요?

방문객 강제적인 것과 자발적인 것으로.

젊은 소크라테스 왜 그래야 하나요?

e **방문객** 우리는 아까 이 점에서도 실수를 저질렀던 같네. 왕과 참주(僭主)[56]는 그들 자신도, 그들 각자의 통치 방식도 서로 같지 않은데 우리는 어리석게도 이 둘을 같은 범주에 포함시켰으니까.

젊은 소크라테스 옳은 말씀이에요.

방문객 그러나 이제 우리는 인간적인 돌봄을 내가 말했듯 강제적인 것과 자발적인 것으로 양분함으로써 이를 바로잡아야겠지?

젊은 소크라테스 물론이지요.

방문객 그리고 강제력을 사용하는 자들의 기술을 독재라 부르고

자발적인 두 발 달린 무리에 대한 자발적인 돌봄을 통치술이라 부르다면, 우리는 나중의 돌봄 기술을 가진 사람을 진정한 왕이자 정치가라고 단언해도 좋지 않을까?

젊은 소크라테스 그렇겠지요, 손님. 그렇게 하면 우리가 그리던 정치가의 초상은 완성될 것 같네요. 277a

방문객 젊은 소크라테스여, 그랬으면 오죽 좋겠는가! 하지만 자네만 그렇게 생각해서는 안 되고, 나도 자네에게 동의할 수 있어야 하네. 한데 내가 보기에, 우리가 그리던 왕의 초상은 아직 완성되지 못한 것 같네. 조각가들이 가끔 때아니게 서두르며 필요 이상으로 큰 것을 너무 많이 덧붙이다가 제때에 작품을 완성하지 못하듯이, 우리도 첫 번째 논의에서 저지른 실수를 또렷하고 거창하게 b
보여주되 왕의 경우에는 거창한 예를 드는 것이 적절하다고 여기고는 엄청난 규모의 신화를 들려주며 그것을 필요 이상으로 많이 이용할 수밖에 없었네. 그래서 지나치게 길게 설명하다가 이야기 결말조차 맺지 못했네. 그리하여 우리 이야기는 그림 속 동물처럼 외부 윤곽은 완성되었지만 아직 색깔 조화에서 생기는 생동감은 c
없네. 하지만 어떤 동물이든 그림이나 다른 손재주보다 말과 대화로 보여주는 것이 훨씬 적절할 걸세, 토론을 따라올 수 있는 사람들에게는. 그럴 능력이 없는 사람들에게는 손재주로 보여주는 것

56 tyrannos. 일종의 군사독재자.

이 더 적절하겠지만 말일세.

젊은 소크라테스 그건 옳은 말씀이에요. 하지만 우리 이야기가 어떤 점에서 아직도 불완전하다고 주장하시는지 설명해주세요.

d **방문객** 여보게, 어떤 큰 주제를 예[57]를 들지 않고 충분히 설명하기는 쉽지 않다네. 우리는 누구나 꿈속에서는 다 안다고 생각하지만 잠을 깨었을 때는 아무것도 모르지 않던가.

젊은 소크라테스 무슨 말씀이신지요?

방문객 방금 나는 우리가 지식을 습득하는 과정이 얼마나 이상한 것인가 하는 문제를 제기했던 것 같네.

젊은 소크라테스 왜 그러셨지요?

방문객 여보게, 예 자체도 다른 예를 들어서 설명할 필요가 있으니까.

e **젊은 소크라테스** 왜 그렇지요? 내 걱정일랑 마시고 말씀 계속하세요.

방문객 자네가 그토록 듣고 싶어 하니 말해야겠네. 우리도 알다시피, 아이들이 문자를 갓 배우기 시작했을 때는….

젊은 소크라테스 무슨 말씀을 하시려는 거죠?

방문객 아이들은 짧고 간단한 음절로 결합된 문자들은 모두 구분할 줄 알며, 어느 문자가 어느 문자인지 정확하게 말할 수 있네.

278a **젊은 소크라테스** 왜 아니겠어요?

방문객 그러나 같은 문자들이라도 다른 음절들로 결합하면 혼란에 빠져 그것들에 관해 잘못 생각하고 잘못 말한다네.

젊은 소크라테스 물론이지요.

방문객 아이들이 아직 알지 못하는 것을 알게 하는 가장 쉽고 가장 훌륭한 방법은 다음과 같은 것이 아닐까?

젊은 소크라테스 어떻게 알게 한다는 거죠?

방문객 먼저 같은 문자들의 결합이 조금도 어렵지 않던 경우들로 아이들을 도로 데려가게. 그런 다음 아이들이 이런 결합들을 아
직 알지 못하는 다른 결합들과 비교하도록 하게. 그리고 나서 두 b
경우 모두 결합들이 같은 특징과 성격을 갖는다는 것을 보여주게. 끝으로, 아이들이 제대로 판단한 경우를 모두 보여주면서 아이들이 아직 알지 못하는 경우들과 비교해주게. 그러면 아이들이 제대로 판단한 경우들이 예가 되어줄 걸세. 그렇게 하면 아이들은 문제의 문자가 어떤 결합의 구성요소가 되든 알아보고는 그것이 나
머지와는 다르고 그 자체와는 언제나 같은 것임을 알 수 있다네. c

젊은 소크라테스 전적으로 동의해요.

방문객 이제는 예가 어떤 구실을 하는지 충분히 밝혀진 셈이지? 어떤 사물을 우리가 제대로 알고 있는 그 사물의 다른 사례와 비교하면, 그런 비교에서 그 둘을 모두 포괄하는 하나의 참된 의견이 생기는 법일세.

젊은 소크라테스 그런 것 같아요.

57 paradeigma.

d **방문객** 그런데 만약 우리 혼이 우주의 구성요소들과 관련하여 같은 태도를 보이며, 어떤 경우에는 개별 요소들에 대한 확신으로 가득 차지만 다른 경우에는 어떤 것에도 확신을 갖지 못한다면, 그것이 과연 놀라운 일일까? 사실 우리가 때로는 서로 결합되어 있는 구성요소들에 대해 올바른 견해를 가지다가도 구성요소들이 실생활의 길고 복잡한 음절들로 옮겨지면 같은 구성요소들인데도 알지 못한다는 것은 놀랄 일이 아닐세.

젊은 소크라테스 조금도 놀랄 일이 아니지요.

e **방문객** 여보게, 거짓 의견에서 출발한 자가 과연 진리의 작은 부분에라도 도달하여 지혜로워질 수 있을까?

젊은 소크라테스 거의 불가능하겠지요.

방문객 그것이 사실이라면 자네와 내가 먼저 작고 부분적인 예에서 예의 전체적인 성격을 이해하려 하고, 그런 다음 작은 것들에서 왕도라는 가장 중요한 문제로 방향을 바꾸어 이번에는 예를 통해서 나라 보살핌에 관한 전문 지식을 습득하려 한다 해도 우리가 잘못하는 것은 아니겠지? 그러면 우리는 더는 꿈 꾸지 않고 깨어 있을 테니까.

젊은 소크라테스 전적으로 옳은 말씀이에요.

279a **방문객** 그렇다면 우리가 중단했던 논의를 다시 시작하여, 나라 돌보는 일과 관련해 왕들과 경합하는 수많은 사람들을 배제하고 왕만 그 자리에 남겨두는 게 좋을 걸세. 그리고 우리는 이런 일에는 예가 도움이 될 거라고 말한 바 있네.

젊은 소크라테스 맞아요.

방문객 그렇다면 어떤 예를 들어야 규모가 아주 작기는 해도 통치술과 같은 활동을 내포하고 있어 우리가 찾는 것을 능히 발견하게 해줄 수 있을까? 여보게 젊은 소크라테스, 당장 다른 예가 떠오르 b
지 않는다면 직조술[58]을, 그것도 자네가 동의한다면 직조술 전체가 아니라 모직 직조술을 선택하는 게 어떻겠는가? 모직 직조술만 선택해도 정치가와 관련해 우리가 원하는 정보를 충분히 제공할 것 같네.

젊은 소크라테스 왜 아니겠어요?

방문객 우리는 다른 부류들은 이미 나누고 또 나누었거늘, 이번에
는 같은 과정들을 직조술에 적용해 모든 단계를 되도록 빨리 통과 c
한 다음 우리 토론의 주된 쟁점으로 돌아간다면 왜 안 된다는 말인가?

젊은 소크라테스 무슨 말씀이신지요?

방문객 그 과정을 모두 통과하는 것이 가장 훌륭한 답변이 될 거라는 말일세.

젊은 소크라테스 아주 좋은 생각이에요.

방문객 우리가 제작하거나 획득하는 모든 것은 뭔가를 행하기 위한 것이거나 뭔가가 일어나는 것을 예방하기 위한 것이네. 예방하

58 hyphantike.

d 기 위한 것들은 초자연적이거나 인간적인 해독제와 방어물들로 나뉘네. 방어물들은 병기나 방책(防柵)들일세. 비군사적인 방책들은 가림막이거나 더위와 추위를 막아주는 완충장치들일세. 이 완충장치들은 지붕이거나 덮개일세. 덮개는 바닥에 까는 것이거나 몸에 두르는 것이네. 몸에 두르는 것은 천을 통째로 재단한 것이거나 여러 조각을 이어 붙인 것이네. 여러 조각을 이어붙인 것은
e 바느질한 것이거나 바느질하지 않고 이어 붙인 것이네. 바느질하지 않은 것은 식물의 힘줄로 만든 것이거나 동물의 털로 만든 것이네. 동물의 털로 만든 것은 액체와 고체의 접합제로 접합된 것이거나 외부 물질 없이 저들끼리 접합된 것이네. 이처럼 외부 물질 없이 저들끼리 접합된 소재로 만든 방어적인 덮개를 우리는 겉옷이라 부르네. 그러니 앞서 국가를 관리하는 기술을 통치술이라고
280a 불렀듯이, 제작물에서 이름을 따와서 겉옷 만드는 기술을 '겉옷 제작술'이라고 불러도 되지 않을까? 또한 우리는 직조술 또는 직조술의 대부분은 겉옷 제작과 관련 있는 만큼 우리의 '겉옷 제작술'과 이름만 다르다고 말해도 되지 않을까? 앞서 우리가 왕도정치와 통치술은 이름만 다르다고 결론 내렸듯이 말일세.

젊은 소크라테스 지당하신 말씀이에요.

b **방문객** 다음에는 누가 우리의 겉옷 제작술이 수많은 다른 유사 기술과는 구분되었지만 긴밀하게 협력하는 기술들과는 아직 구분되지 않았다는 점을 깨닫지 못하고, 겉옷 제작술에 대한 우리의 이런 설명을 과연 만족스럽게 여길는지 고찰해봐야 하네.

젊은 소크라테스 어떤 유사 기술들인지 말씀해주세요.

방문객 자네는 내 말뜻을 이해하지 못한 것 같네. 그러니 되돌아가서 끝에서 시작하는 게 더 좋을 듯하네. 우리는 조금 전 겉옷 제작술에서 담요 제작술을 배제했는데, 이것들은 하나는 바닥에 깔고 하나는 몸에 두른다는 점에서 서로 다르네. 내가 말하는 유사 기술들이란 그런 것이라네.

젊은 소크라테스 알겠어요.

방문객 우리는 또한 아마와 삼베로 만든 모든 분야의 제품과 조금 전 식물의 힘줄이라고 비유한 것도 모두 배제했네. 이어 우리는 거기서 펠트 제조법과 바느질하고 꿰매는 제작 과정도 배제했는데, 그중 가장 중요한 것이 제화술(製靴術)이네. c

젊은 소크라테스 물론이지요.

방문객 이어서 우리는 통가죽 덮개를 만드는 기술들을 나눌 때 무두장이의 기술을 배제했네. 보호 차원의 집짓기 기술들 중에서는 건설 기술, 목공 기술 등과 함께 방수 기술도 배제했네. 우리는 또 d 한 도둑질과 폭행을 막아주는 모든 기술, 말하자면 소목장이 기술의 일부로 여겨지는 뚜껑을 달고 문을 짜는 기술들도 배제했네. 뿐만 아니라 우리는 방어물 제작의 중요하고도 다양한 영역인 무구(武具) 제작술도 배제했네. 끝으로 우리는 첫머리에서 대뜸 해 e 독제와 관련 있는 마법을 전부 배제하고, 우리가 찾던 바로 그 기술, 곧 우리를 추위에서 지켜주는 모직 방어물을 제작하며 직조술이라는 이름으로 불렸던 그 기술만 남겨두었던 것 같네.

젊은 소크라테스 그런 것 같아요.

방문객 하지만 젊은 친구, 우리의 설명은 아직 완전하지 못하네. 겉
281a 옷을 만드는 첫 번째 작업은 직조에 상반되는 것 같으니 말일세.

젊은 소크라테스 어째서 그렇지요?

방문객 직조란 엮음[59]의 일종이니까.

젊은 소크라테스 맞아요.

방문객 그렇지만 내가 말한 기술은 뭉치고 헝클어진 것들을 갈라 놓네.

젊은 소크라테스 그게 어떤 것이지요?

방문객 소모공(梳毛工)이 하는 작업 말일세. 우리는 소모가 직조라거나 소모공이 직조공이라고 말할 수 없으니까.

젊은 소크라테스 물론 그럴 수 없겠지요.

방문객 또한 누가 날실과 씨실을 만드는 기술을 직조술이라고 부
b 른다면, 그것은 이상하게 들릴뿐더러 사실은 거짓말일세.

젊은 소크라테스 왜 아니겠어요?

방문객 어떤가? 우리는 축융공(縮絨工)의 기술 전체와 수선공의 기술은 옷을 돌보고 보살피는 일과 전적으로 무관하다고 말할 텐가, 아니면 이런 기술도 모두 직조술에 포함된다고 할 텐가?

젊은 소크라테스 그건 안 될 말이지요.

방문객 하지만 이런 기술들도 모두 자기들이 옷을 돌보고 만드는 일에 관여한다고 주장하며 직조술의 배타적인 권리에 이의를 제기할 걸세. 그리고 그것들은 직조술이 옷 제작에 결정적인 역할을

한다는 것을 인정하면서도 자기들에게도 중요한 영역들을 배정할 걸세.

젊은 소크라테스 물론 그러겠지요. c

방문객 이런 기술들 말고도 직조술이 제구실을 할 수 있게 해주는 도구들을 제작하는 기술들도 있는데, 이것들도 아마 직조공이 제품을 만들 때마다 자기들이 협력했다고 주장할 걸세.

젊은 소크라테스 지당하신 말씀이에요.

방문객 만약 우리가 직조술 또는 우리가 선택한 직조술의 그 부분이 모직 옷과 관련 있는 기술 가운데 가장 훌륭하고 가장 큰 것이라고 정의한다면 충분히 정의한 것일까? 우리의 그런 정의는 옳지만, 직조술을 이러한 다른 기술 전부와 구분할 때까지는 명확하지 d
않고 완전하지 않다고 말하는 편이 더 좋지 않을까?

젊은 소크라테스 옳은 말씀이에요.

방문객 그렇다면 우리의 다음 과제는 논의가 순조롭게 진행되도록 우리가 말한 대로 직조술을 다른 기술 전부와 구분하는 것이겠지?

젊은 소크라테스 왜 아니겠어요?

방문객 우리가 먼저 유의해야 할 점은 모든 활동에는 두 가지 기술이 포함된다는 것일세.

젊은 소크라테스 그게 어떤 기술들인가요?

59 symploke.

방문객 한 부류는 생산의 부차적인 기술이고 다른 부류는 실제로 생산하는 기술일세.

젊은 소크라테스 무슨 말씀이신지요?

e **방문객** 물건을 실제로 제작하지는 않지만 제작에 필요한 도구들을 대주는 기술들이 부차적인 기술인데, 그것 없이는 어떤 제작술도 제구실을 할 수 없을 걸세. 한편 물건 자체를 제작하는 기술들은 실질적인 기술일세.

젊은 소크라테스 일리 있는 말씀이에요.

방문객 그렇다면 우리는 물렛가락이나 북이나 그 밖에 옷을 만드는 다른 도구들을 제작하는 기술들은 부차적인 기술이라 하고, 옷 자체를 돌보고 제작하는 기술들은 실질적인 기술이라고 해도 되겠지?

젊은 소크라테스 그렇고말고요.

282a **방문객** 실질적인 기술들에 우리는 세탁술과 수선술과 그 밖에 그런 식으로 옷을 돌보는 기술들을 포함시켜도 될 걸세. 그리고 장식술은 범위가 넓은 만큼 우리는 그것들을 축융술이라는 이름으로, 장식술의 일부로 분류해도 될 걸세.

젊은 소크라테스 좋은 생각이에요.

방문객 또한 소모술과 방적술과 모직 옷을 실제로 제작하는 일과 관계있는 모든 과정은 누구나 다 아는 기술, 그러니까 털실 제작술의 일부를 구성하네.

젊은 소크라테스 맞아요.

방문객 또한 털실 제작에도 두 분야가 있는데, 이것들도 각각 동시 b
에 두 가지 전문 기술의 한 부분일세.

젊은 소크라테스 무슨 말씀이신지요?

방문객 우리는 소모술과 북 사용의 절반과 한데 엉겨 있는 것들을 분리하는 모든 과정을 하나로 묶어 털실 제작술에 속하는 것으로도, 또한 모든 것에 적용되는 두 가지 큰 기술, 곧 결합 기술[60]과 분리 기술[61]에 속하는 것으로도 분류할 수 있을 거라는 말일세.

젊은 소크라테스 네.

방문객 소모술을 포함하여 내가 언급한 모든 기술은 분리의 범주 c
에 속하네. 어떤 이름으로 불리든 그것들은 손질하지 않은 양털이나 털실을 분리하는 과정이니까. 물론 북을 사용하느냐 맨손으로 하느냐에 따라 방법이 서로 다르긴 하지만.

젊은 소크라테스 물론이지요.

방문객 이번에는 결합 기술인 동시에 털실 제작술에 속하는 것을 검토하되, 털실 제작술에서 분리에 속하는 것은 모두 배제하기로 하세. 분리와 결합의 원리를 적용하여 털실 제작술을 두 부분으로 나눔으로써 말일세.

젊은 소크라테스 그렇게 나누어졌다고 쳐요.

방문객 젊은 소크라테스, 이제 우리는 결합 기술인 동시에 털실 제

60 synkritike.

61 diakritike.

d 작술에 속하는 부분을 한 번 더 나누어야 하네. 앞서 말한 직조술을 제대로 파악하려 한다면 말일세.

젊은 소크라테스 그렇다면 당연히 나누어야지요.

방문객 그래야겠지. 그리고 그 기술의 일부는 실을 꼬는 기술이라 하고, 다른 일부는 실을 짜는 기술이라고 하세.

젊은 소크라테스 내가 제대로 이해했나요? 내 생각에 그대는 날실 제작 기술을 '꼬는 기술'이라고 부르는 것 같군요.

방문객 그렇다네. 하지만 날실 제작뿐 아니라 씨실 제작도 거기에 포함되네. 꼬지 않고 어떻게 씨실을 만들 수 있겠나?

젊은 소크라테스 물론 만들 수 없겠지요.

e **방문객** 그렇다면 날실과 씨실을 정의해보게. 그렇게 정의해보는 것이 자네에게 도움이 될 테니까.

젊은 소크라테스 어떻게 정의할까요?

방문객 다음과 같이 정의하게. 소모(梳毛) 과정을 거쳐서 완성된 제품이 일정한 길이와 너비를 가지면 모직 천이라고 불린다고 말일세.

젊은 소크라테스 네, 그럴게요.

방문객 그중에서 물렛가락으로 탄탄하게 꼰 실은 날실이라 부르고, 날실 제작을 관장하는 기술은 '날실 잣기'라고 하네.

젊은 소크라테스 맞아요.

방문객 한편 그중에서 느슨하게 꼬여 날실과 함께 짜일 수 있을 만큼 부드럽기는 해도 끝마무리 과정을 충분히 감당할 만큼 튼튼한

실은 씨실이라 부르고, 씨실 제작을 관장하는 기술은 '씨실 잣기' 283a
라고 하네.

젊은 소크라테스 지당하신 말씀이에요.

방문객 이제야 우리가 정의하려 했던 직조술의 그 부분이 누구나 알 수 있도록 분명해졌네그려. 모직 제작술의 부분이기도 한 결합 기술의 한 부분이 씨실과 날실을 제대로 짜서 천을 생산할 때, 그렇게 해서 완성된 천은 모직 천이라 하고, 이 과정을 관장하는 기술은 직조술이라고 하니까.

젊은 소크라테스 지당하신 말씀이에요.

방문객 좋아. 그렇다면 우리는 왜 직조술은 날실과 씨실을 짜는 것 b
이라고 단도직입으로 정의하지 않고, 공연히 많은 것들을 정의하며 이렇게 에돌아 왔을까?

젊은 소크라테스 손님, 내가 보기에 우리 논의에서 공연히 말한 것은 하나도 없는 것 같은데요.

방문객 여보게, 지금은 자네가 그렇게 생각하겠지만, 언젠가는 생각이 바뀔 수도 있을 걸세. 자네도 의심이라는 병에 걸릴 수 있으니 실제로 그런 병에 걸릴 가능성에 대비해 그런 경우에 적용할 수
있는 한 가지 원칙을 제시하고 싶네. c

젊은 소크라테스 제발 말씀해주세요.

방문객 먼저 지나침과 모자람 일반을 검토하세. 그래야만 우리는 이런 종류의 논의에서 지나친 길이나 짧음을 칭찬하거나 비난할 수 있는 합리적인 근거를 마련할 수 있을 걸세.

젊은 소크라테스 그렇다면 당연히 검토해야지요.

방문객 내 생각에, 우리가 논의해야 할 쟁점들은 다음과 같은 것들인 것 같네.

젊은 소크라테스 어떤 것들이지요?

d **방문객** 길과 짧음, 그리고 지나침과 모자람 말일세. 이 모든 것은 측정술[62]과 관계가 있는 듯하네.

젊은 소크라테스 네.

방문객 그러면 측정술을 두 부분으로 나누세. 우리가 추구하는 목적을 달성하기 위해서는 그렇게 해야 하니까.

젊은 소크라테스 어떻게 나눌 것인지 말씀해주세요.

방문객 그러지. 우리는 측정술을 대상의 상대적인 큼과 작음에 관련된 부분과 그것 없이는 생산 자체가 불가능한 부분으로 나눌 걸세.

젊은 소크라테스 무슨 말씀이신지요?

방문객 자네는 더 큰 것은 다름 아니라 더 작은 것보다 더 크며, 더
e 작은 것은 다름 아니라 더 큰 것보다는 더 작다고 말하는 것이 타당하다고 생각지 않는가?

젊은 소크라테스 물론 그렇게 생각하지요.

방문객 어떤가? 우리는 또한 말이나 행동에서 적도(適度)를 초과하거나 적도에 미치지 못하는 경우가 있을 수 있으며, 그런 지나침과 모자람이 나쁜 사람들과 좋은 사람들의 주된 차이점이라고 말해야 하지 않을까?

젊은 소크라테스 그래야 할 것 같아요.

방문객 그렇다면 우리는 큼과 작음은 두 가지가 있으며 두 가지 방법으로 구분된다고 생각해야 할 걸세. 조금 전에 말했듯이 우리는 그것들은 상대적으로만 비교할 것이 아니라, 적도와도 비교해야 한다는 말일세.

젊은 소크라테스 물론이지요.

방문객 만약 누가 더 큰 것을 더 작은 것과의 관계에서만 존재한다 284a
고 주장한다면, 더 큰 것이 적도와 비교되는 일은 있을 수 없을 걸세. 그렇지 않은가?

젊은 소크라테스 그렇지요.

방문객 이런 주장은 모든 기술과 그것들의 제작물도 파괴하지 않을까? 그리하여 우리가 지금 정의하는 통치술도 우리가 방금 정의한 직조술도 없어지지 않을까? 이런 기술은 모두 지나침과 모자람
을 실재하지 않는 것으로서가 아니라 행위에 어려움을 야기하는, b
실재하는 악으로서 경계하니 말일세. 실제로 이런 기술들의 제작물이 모두 훌륭하고 아름다운 이유는 적도를 지키려고 노력하기 때문일세.

젊은 소크라테스 왜 아니겠어요?

방문객 그리고 만약 통치술이 없어진다면, 왕도정치에 대한 우리

62 metretike.

의 탐구도 불가능해질 걸세.

젊은 소크라테스 물론이지요.

방문객 그렇다면 우리가 대화편 『소피스트』[63]에서 논의의 고삐를 놓치고 존재하지도 않는 것을 존재한다고 우겼듯이, 이번 논의에서도 우리는 지나침과 모자람은 상대적으로도 측정할 수 있고 적
c 도와 관련해서도 측정할 수 있다고 강변해야 할 걸세. 우리가 이에 동의하지 않으면, 정치가도 그 밖의 다른 실무가도 자기 분야에서 이론의 여지가 없는 전문가일 수 없을 테니까.

젊은 소크라테스 그렇다면 우리는 이번 논의에서도 당연히 그때처럼 해야겠네요.

방문객 하지만 젊은 소크라테스, 이번 일은 그때보다 훨씬 더 큰일일세. 우리는 그때 시간이 얼마나 많이 걸렸는지 알고 있네. 그러나 이번 주제와 관련해서 다음과 같이 가정하는 게 매우 온당할 걸세.

젊은 소크라테스 그게 무엇인가요?

d **방문객** 우리가 언젠가 진리를 정확하게 증명하기 위해서는 적도에 대한 그런 견해가 필요하리라는 것 말일세. 그러나 지금 우리가 증명한 것도 우리의 현재 목적에 적합하며 우리에게 큰 도움이 될 것이라 믿네. 왜냐하면 그것은 기술에는 여러 가지가 있다는 것과, 지나침과 모자람은 상대적으로도 측정할 수 있고 적도의 실현과 관련해서도 측정할 수 있다는 것을 보여주기 때문일세. 적도 없이는 기술도 없고, 기술 없이는 적도도 없으니까. 둘 중 어느 하나를

부인하는 것은 둘 다 부인하는 걸세.

젊은 소크라테스 그건 옳은 말씀이에요. 하지만 그래서 어쨌다는 거죠? e

방문객 그다음은 우리가 약속한 대로 측정술을 다음과 같이 두 부분으로 나누는 걸세. 그중 한 부분은 수, 길이, 깊이, 너비, 두께를 그와 상반되는 것과 관련하여 측정하는 모든 기술을 포함하고, 다른 부분은 적도, 적합성, 적기, 타당성, 양극단에서 벗어나 중용에 위치한 모든 것과 관련하여 그런 것들을 측정하는 기술들을 포함하네.

젊은 소크라테스 그대가 말한 그 부분들은 저마다 규모도 크고 서로 큰 차이가 나겠네요.

방문객 젊은 소크라테스, 때로는 많은 박식한 사람들이 유식한 발언을 한답시고 측정술은 생성된 모든 것에 관련된다고 말하는데, 285a
그것은 우리가 조금 전에 말한 것과 사실상 같은 것일세. 기술 영역에 속하는 것은 어떤 의미에서 측정술에 관여하니까. 그러나 그들은 사물을 부류에 따라 나누어 고찰하는 버릇을 들이지 않았기 때문에 상호 간의 관계와 적도에 대한 관계는 서로 판이한 것인데도 같은 것인 줄 알고 대뜸 같은 범주에 포함시키는가 하면, 반대로 다른 것들은 부분들로 나누지 않는다네. 올바른 방법은 누

63 『소피스트』 241d 참조.

b 가 처음에 많은 사물들의 공통점을 보았다면 그것들이 다른 범주
에 속하게 하는 차이점을 모두 보기 전에는 연구를 중단해서는 안
된다는 것일세. 반대로 그가 많은 사물에서 온갖 비유사성을 봤
다면 사실은 동족 관계에 있는 모든 사물을 한데 모아 본성에 근
거한 실제 범주에 포함시킴으로써 그것들을 공동의 우리에 안전
하게 가두기 전에는 결코 낙담하거나 포기해서는 안 되네. 이 주제
에 관해서는 이쯤 해두세. 모자람과 지나침에 관해서는 이상으로
충분히 언급한 것 같으니까. 우리는 지나침과 모자람을 측정하는
데는 두 가지 방법이 있다는 것을 알아냈다는 점을 명심하고, 그
c 두 가지 방법이 어떤 것이라고 말했는지 잊지 않기로 하세.

젊은 소크라테스 잊지 않을 거예요.

방문객 그러면 이 주제에 관한 논의는 이쯤 해두고, 이제 이 논의뿐 아니라 이런 종류의 모든 논의와 관계가 있는 다른 문제를 고찰하세.

젊은 소크라테스 그게 무엇인가요?

방문객 학교에서 문자를 공부하는 학생들과 관련하여 우리가 다
음과 같은 질문을 받았다고 가정해보게. "어떤 학생이 이런저런
낱말이 어떤 문자들로 구성되는가라는 질문을 받는다면, 그런 질
d 문은 특정 낱말에 관한 그 학생의 문법 지식을 향상시키기 위한
것이오, 아니면 단어 일반에 관한 문법 지식을 향상시키기 위한 것
이오?"

젊은 소크라테스 그야 분명 단어 일반에 관한 지식을 향상시키기

위한 것이겠지요.

방문객 그렇다면 정치가에 관한 우리의 탐구는 어떤가? 그것은 단지 통치술에 관한 우리의 지식을 향상시키기 위해서인가, 아니면 우리가 모든 문제에 더 논리적으로 대처할 수 있게 하기 위해서인가?

젊은 소크라테스 그 또한 분명 우리가 모든 문제에 더 논리적으로 대처할 수 있게 하기 위해서겠지요.

방문객 분별 있는 사람이라면 누구도 직조술을 그 자체 때문에 정의하려 하지는 않을 걸세. 그러나 사람들은 대부분 어떤 것들은 e
본성적으로 쉽게 파악할 수 있는 감각적인 유사성들을 갖고 있다는 사실을 간과하는 것 같네. 그런 경우 그중 어떤 것에 관해 설명해달라고 누가 요구하면 자네는 대응하는 유사성을 보여줌으로써 힘들이지 않고 간단하게 대처할 수 있을 것이며 말로 설명할 필요조차 없네. 그러나 존재하는 것들 가운데 가장 고상하고 중요한 것들에게는 사람이면 누구나 분명히 볼 수 있는, 대응하는 가시적 286a
유사성이 전혀 없네. 그런 경우 자네가 묻는 사람의 감각 중 하나에 적합한 방법으로 대상을 보여주는 것만으로 묻는 사람의 마음을 충분히 만족시킨다는 것은 불가능하네. 그래서 우리는 존재하는 것들 하나하나에 대해 설명을 하고 설명을 이해하는 훈련을 해야 하는 걸세. 가장 고상하고 가장 위대한 것들은 비물질적인데, 그런 것들은 다름 아니라 이성[64]에 의해서만 제시될 수 있기 때문이네. 또한 우리가 지금 말하고 있는 것도 모두 그런 것들을 위한

b 걸세. 그러나 훈련은 대규모로 하는 것보다는 소규모로 하는 것이
언제나 더 쉬운 편이지.

젊은 소크라테스 참으로 훌륭한 말씀이에요.

방문객 그렇다면 우리가 무엇 때문에 이런 문제들에 관해 이토록 긴말을 했는지 기억해보세.

젊은 소크라테스 무엇 때문이지요?

방문객 그것은 주로 우리가 직조술, 우주의 역주행, 소피스트의
경우 존재하지 않은 것의 존재와 관련해 긴말을 늘어놓은 것에 짜
증이 났기 때문일세. 나는 논의가 너무 길다고 느꼈고 논의가 긴
c 데다 불필요하기까지 한 것이 아닐까 두려워 자책했다네. 그러니
내가 방금 말한 것은 모두 앞으로 그런 불쾌한 일이 되풀이되는
것을 방지하기 위한 것이라고 생각해주게나.

젊은 소크라테스 그럴 테니 말씀이나 계속하세요.

방문객 그렇다면 논의의 길이나 짧음을 비난하거나 칭찬해야 할
때는 방금 정한 원칙들을 고수해야 한다는 것이 내 주장일세. 우
리는 어떤 논의가 얼마나 긴지를 그 논의의 길이를 다른 논의의 길
이와 단순 비교함으로써 판단할 것이 아니라, 우리가 방금 명심해
d 야 한다고 말했던 측정술의 다른 부분을 이용하여, 바꿔 말해 적
합성의 기준에 따라 평가해야 한단 말일세.

젊은 소크라테스 옳은 말씀이에요.

방문객 하지만 모든 것을 적합성의 기준에 따라 판단해서도 안 되네. 즐거움을 주기에 적합한 길이가 있긴 하지만, 그것은 어디까지

나 부차적인 고려 사항에 지나지 않네. 또한 우리에게 제기된 문제를 되도록 쉽게 빨리 해결하는 것도 바람직하겠지만, 우리의 원칙은 이것이 논의를 시작하는 일차적인 이유가 아니라 이차적인 이유이기를 요구하네. 우리가 가장 높이 평가해야 할 것은 형상별로
나눌 수 있는 능력일세. 따라서 아무리 긴 논의라 해도 듣는 사람 e
으로 하여금 진리를 더 잘 발견하게 해준다면, 우리는 그것을 받아들여야 하며 길다고 짜증을 내서는 안 되네. 논의가 짧을 때도 그 점은 마찬가지겠지. 그뿐 아니라 만약 이런 논의들이 길다고 비난하며 우리가 논의를 적절히 마무리하기를 기다려주지 않는 사람을 발견하면, 우리는 그가 "이런 논의는 질질 끈단 말이야"라고 비난만 하며 뒤도 안 돌아보고 서둘러 떠나가게 내버려두어서도
안 되네. 우리는 논의가 더 짧았으면 듣는 이들을 변증술[65]에 더 287a
능하게 해주고, 이성을 통해 참진리를 더 빨리 발견하게 했으리라는 그의 믿음을 뒷받침해줄 근거를 대라고 그에게 요구해야 하네. 다른 사람들이 다른 지엽적인 이유들로 우리 논의를 비난하거나 칭찬하더라도 우리는 무시하고 못 들은 척해야 하네. 이 주제에 관해서는 이쯤 해두세, 자네가 동의한다면. 그러면 정치가에게로 되
돌아가 우리가 방금 정의한 직조술의 예를 그에게 적용해보세. b

젊은 소크라테스 좋은 말씀이에요. 그대가 말한 대로 하기로 해요.

64 logos.

65 dialektike.

방문객 그렇다면 왕도정치는 수많은 동족 기술에서, 아니 무리와 관계있는 모든 기술에서 분리되었네. 그러나 실제 국가에는 통치술과 구분되지 않은 다른 기술들이 있네. 거기에는 부차적인 기술들과 직접적으로 제작에 관여하는 기술들이 모두 포함되는데, 우리가 먼저 해야 할 일은 이 둘을 분리하는 걸세.

젊은 소크라테스 옳은 말씀이에요.

방문객 자네는 그 기술들을 둘로 분리하기가 어렵다는 것을 아
c 는가? 하지만 왜 그런지는 논의가 진척되면 불을 보듯 분명해질
걸세.

젊은 소크라테스 그렇다면 당연히 그렇게 해야지요.

방문객 그것들은 양분할 수 없으니 제물로 바친 가축처럼 지체별로 나누도록 하세. 우리는 언제나 되도록 둘에 가까운 수로 나누어야 하니까.

젊은 소크라테스 그렇다면 이 경우에는 어떻게 해야 하나요?

방문객 앞서 직조술에서 한 것처럼 하는 거지. 그때 우리는 직조술에 도구를 대주는 기술은 모두 부차적인 것으로 간주했네.

젊은 소크라테스 네.

방문객 그렇다면 이번에도 같은 일을 하되 더 심하게 그래야만 하
d 네. 국가를 위해 크고 작은 도구를 만드는 모든 기술은 부차적인
것으로 분류해야 하니까. 그런 도구 없이는 국가도 통치술도 존재할 수 없겠지만, 그런 도구들을 생산하는 것을 왕도정치가 하는 일로 여겨서는 안 되기 때문일세.

젊은 소크라테스 안 되고말고요.

방문객 이 부류의 기술들을 다른 부류의 기술들과 구별하려 한다면 우리는 힘든 일을 떠맡은 걸세. 세상의 어떤 것도 이런저런 물건을 만드는 도구가 된다고 누가 말한다면 그의 말은 그럴듯하게 들릴 테니까. 하지만 국가에는 그런 소유물들 말고 다른 소유물들 e
도 있네. 자네는 그렇다고 생각하지 않는가?

젊은 소크라테스 그게 어떤 것이지요?

방문객 무엇을 생산하기 위해서가 아니라 이미 생산된 것을 보전하기 위해 만들었다는 점에서 도구와 기능이 다른 것들 말일세.

젊은 소크라테스 그게 어떤 것이지요?

방문객 이 부류는 그야말로 각양각색이네. 어떤 것은 마른 것을 위해, 어떤 것은 액체를 위해, 어떤 것은 불을 사용한 것을 위해, 어떤 것은 불을 사용하지 않은 것을 위해 만들어졌는데, 우리는 그런 것을 '그릇'이라고 통칭하지. 이 부류는 아주 광범위하며, 우 288a
리가 찾는 왕도정치와는 전혀 관계가 없는 것 같네.

젊은 소크라테스 물론 관계가 없지요.

방문객 우리는 이 두 부류 말고도 역시 범위가 넓은 세 번째 부류를 고찰해야 하네. 어떤 것은 뭍에 있고 어떤 것은 물에 있으며, 어떤 것은 움직이고 어떤 것은 서 있으며, 어떤 것은 명예롭고 어떤 것은 명예롭지 못하네. 이 부류에 속하는 것들은 각각 어떤 것을 떠받치기 위해 또는 어떤 것을 위한 자리로 쓰이기에 모두 한 가지 이름을 갖는다네.

젊은 소크라테스 어떤 이름이지요?

방문객 '탈것'이라고 해야겠지. 그러나 그런 것들을 생산하는 것은 정치가가 아니라 목수나 도공이나 대장장이가 할 일일세.

젊은 소크라테스 알겠어요.

b **방문객** 네 번째 부류는 무엇인가? 이것은 세 부류와 다른 것으로, 우리는 이 부류에는 앞서 말한 것들이 대부분 포함된다고 말해야 하는가? 옷 만들기 전부, 무기의 대부분, 모든 성벽, 도시를 에워싼 흙 또는 돌 방벽과 기타 등등 말일세. 이런 것들은 모두 방어하기 위해 만들어졌으니 이 부류 전체를 '방어물'이라 부르는 것이 가장 타당할 것이며, 이런 것들을 만드는 것은 대개 통치술보다는 건축술이나 직조술이 할 일이라고 보는 것이 사실에 훨씬 더 가깝겠지.

젊은 소크라테스 물론이지요.

c **방문객** 장식술과 회화, 화가들이나 음악가들이 연출하는 모방물은 어떤가? 우리는 그것들을 다섯 번째 부류로 간주할 것인가? 그것들은 모두 즐거움을 위해 만들어진 것이니, 한 가지 이름에 포함되는 것이 마땅할 걸세.

젊은 소크라테스 어떤 이름인데요?

방문객 '오락'이라고 부르자는 거지.

젊은 소크라테스 물론 그래야겠지요.

방문객 그 모든 것에 이 한 가지 이름을 붙이는 것이 적절할 걸세. 그중 어느 것도 진지한 목적을 위해서가 아니라 모두 오락을 위해서 행하는 것이니까.

젊은 소크라테스 그것도 대강 알 것 같아요. d

방문객 그런데 앞서 말한 기술들이 제품을 생산하도록 이 모든 부류에 원료를 공급하는 부류도 있네. 이것은 매우 다양한 부류이며, 앞서 언급한 것들과는 다른 여러 가지 더 원시적인 기술 분야의 제품 덕분에 존재한다네. 우리는 이것을 여섯 번째 부류로 간주하지 않을 텐가?

젊은 소크라테스 어떤 것을 두고 그렇게 말씀하시는 거죠?

방문객 거기에는 금, 은, 채굴한 광물 전부, 목공과 고리버들 세공이 벌목된 나무와 베어진 것 일반에서 획득하는 모든 원자재가 포
함되네. 거기에는 또한 식물의 겉껍질을 벗기는 기술과 동물의 가 e
죽을 벗기는 제혁술과 그런 것에 관련된 모든 기술과, 코르크와 파피루스와 노끈을 생산하여 단순한 원자재를 복합적인 제품으로 바꾸는 모든 기술이 포함되네. 우리는 이 부류를 인류의 원시적이고 단순한 소유물이라고 통칭할 수 있을 텐데, 그것은 왕도정치와는 전혀 관계가 없네.

젊은 소크라테스 옳은 말씀이에요.

방문객 끝으로 먹을거리, 즉 그 성분들이 몸의 부분들과 결합하여
몸을 건강하게 해주는 모든 것의 획득이 있는데, 우리는 이를 일 289a
곱 번째 부류라고 말하고 '영양 섭취'라고 통칭할까 하네. 더 나은 이름이 없다면 말일세. 하지만 이것은 통치술보다는 농부, 사냥꾼, 체육교사, 의사, 요리사의 기술에 포함된다고 보는 것이 더 타

당할 걸세.

젊은 소크라테스 왜 아니겠어요?

방문객 내가 생각하기에 길들인 동물을 제외한 모든 종류의 소유물이 사실상 앞에서 언급한 이 일곱 부류에 포함되는 것 같네. 그
b 순서를 들어보게. 당연히 원자재가 첫째고, 그다음은 도구, 그릇, 탈것, 방어물, 오락, 영양 섭취 순일세. 우리가 빠뜨린 자질구레한 것들은 이 일곱 부류 중 하나에 포함시킬 수 있을 걸세. 이를테면 동전과 인장 반지와 인장 일반을 생각해보게. 그런 것들 사이에는 큰 부류를 이룰 만한 유사성이 없기 때문에 어떤 것은 장식물로, 다른 것은 도구로 분류될 수 있을 걸세. 그런 분류는 다소 무리한 것이긴 하지만, 그런 것들은 이런 또는 저런 부류와 조화를 이룰 수 있을 테니까. 노예를 제외한 길들인 동물들의 소유는 무
c 리 양육 기술에 포함되는데, 이에 관해서는 앞에서 이미 분석한 바 있네.

젊은 소크라테스 맞아요.

방문객 그렇다면 이제 남은 것은 노예들과 머슴[66]들 부류일세. 예언하건대, 우리는 아마도 이 부류에서 정치라는 직물과 관련해 왕과 경합하는 자들을 발견하게 될 걸세. 마치 아까 방적공과 소모공 등이 옷 만드는 일과 관련해 직조공과 경합했듯이 말일세. 우리가 부차적인 기술자라고 불렀던 그 밖의 다른 사람은 모두 우리
d 가 방금 열거한 기능들과 함께 배제되고, 나라를 다스리는 왕의 활동에서 제외되었으니까.

젊은 소크라테스 그런 것 같아요.

방문객 자, 그렇다면 이 나머지 부류에 가까이 다가가 더 자세히 살펴보세.

젊은 소크라테스 그래야겠지요.

방문객 그러면 우리는 새로운 시각에서 볼 때 가장 명백한 머슴들이 예상과는 다른 일에 종사하며 살아가는 것을 발견할 걸세.

젊은 소크라테스 그들이 누구지요?

방문객 팔려와서 주인의 소유물이 된 자들 말일세. 우리가 그들을
노예라고 부르거나 그들은 절대로 왕도정치에 참여할 수 없다고 e
주장하더라도 아무도 이의를 제기하지 못할 걸세.

젊은 소크라테스 물론이지요.

방문객 우리가 조금 전에 언급한 장인들을 위해 봉사하는 일을 자
진해서 떠맡은 자유민들은 어떤가? 장인들 사이에 경제적인 균등
을 유지하며 농산물과 공산품을 체계적으로 분배하는 자들 말일
세. 그들 중 어떤 자들은 국내 시장에 앉아서, 어떤 자들은 육로와
해로로 나라에서 나라로 돌아다니며 돈과 물건을 또는 돈과 돈을
교환하는데, 우리는 그들을 환전상, 도매상, 선주, 소매상이라 부 290a
르지. 그들이 자신들도 왕도정치에 관여하겠다고 나서는 일은 설
마 없겠지?

66 hyperetes. 경우에 따라서는 '노꾼' '하인' '청지기' '조수' '부관' 등으로 번역할 수도 있을 것이다.

젊은 소크라테스 물론이죠. 상업과 관련해서라면 몰라도.

방문객 그러나 우리는 품삯을 받고 고용주를 위해 기꺼이 일하는 품팔이꾼들이 감히 왕도정치에 관여하겠다고 나서는 모습은 결코 볼 수 없을 걸세.

젊은 소크라테스 물론 볼 수 없겠지요.

방문객 하지만 다른 종류의 봉사자들은 어떻다고 할 텐가?

젊은 소크라테스 어떤 종류의 봉사자들 말인가요?

b **방문객** 전령들, 숙련된 서기들, 각종 행정 업무에 능한 잡다한 사람들 말일세. 우리는 이들을 무엇이라고 부를 텐가?

젊은 소크라테스 방금 그대가 말했듯이 머슴들이라고 부르겠어요. 그들 자신이 치자는 아니니까요.

방문객 그런데 정치가의 주요 경쟁자들을 이 분야 어딘가에서 발견하게 되리라고 말했을 때, 나는 분명 잠꼬대 같은 소리를 한 것만은 아닌 것 같네. 비록 그런 사람들을 머슴 부류에서 찾는다는
c 것은 아주 이상한 일이지만 말일세.

젊은 소크라테스 이상하다마다요.

방문객 이제는 우리가 아직 시험하지 않은 머슴들과 부딪쳐보세. 거기에는 우선 예언의 영역에서 머슴 노릇을 할 줄 아는 자들이 있네. 그들은 신들의 뜻을 인간들에게 풀이해주는 것으로 생각되기에 하는 말일세.

젊은 소크라테스 네.

방문객 그다음에는 사제들이 있네. 그들은 전통적으로 신에게 바

치는 우리 선물을 신들이 받아들 수 있는 제물 형태로 바칠 줄도 알고, 선물에 대한 보답으로 우리를 위해 신들에게 복을 빌 줄도 d
아는 것으로 간주되는데, 이런 일은 둘 다 머슴들의 기술일세.

젊은 소크라테스 그런 것 같아요.

방문객 이제야 우리가 쫓던 사냥감의 발자국을 찾은 것 같네. 사제와 예언자들은 사회적인 지위가 높고 자긍심이 강하며 중요한 일을 한다고 존경받으니 말일세. 이를테면 아이귑토스[67]에서는 왕 e
이라도 사제가 아니면 통치할 수 없으며, 설사 다른 계급에 속하던 사람이 힘으로 왕위에 오른다 해도 나중에 사제로 등록해야 한다는 사실이 이를 말해주네. 헬라스[68]의 여러 나라에서도 알다시피 나라를 위해 가장 중요한 제사를 지내는 일은 최고위 공직자들의 임무일세. 이곳 아테나이에서 그것은 자명한 일일세. 듣자하니 이곳에서는 나라를 위해 가장 엄숙하고 유서 깊은 제사를 지내는 일은 추첨에 의해 '왕'[69]으로 선출된 아르콘[70]의 임무라고 하니 말일세.

젊은 소크라테스 그렇고말고요. 291a

방문객 그렇다면 우리는 추첨으로 뽑힌 이런 왕들과 사제들과 그들의 조수들뿐만 아니라 이런 집단들이 배제된 지금에야 모습을

67 아이귑토스(Aigyptos)는 이집트의 그리스어 이름이다.

68 그리스.

69 주 70 '아르콘' 참조.

드러낸 큰 무리를 살펴보아야 하네.

젊은 소크라테스 그게 어떤 무리지요?

방문객 아주 이상한 무리일세.

젊은 소크라테스 어째서 그렇지요?

방문객 그들은 잡다한 무리일세. 적어도 조금 전에 그들을 봤을
b 때 나는 그런 인상을 받았네. 어떤 자들은 사자나 켄타우로스[71]나 다른 맹수를 닮고, 대다수는 사튀로스[72]와 약하고 교활한 짐승을 닮았는데, 겉모습과 재주를 잽싸게 서로 바꾼다네. 하지만 젊은 소크라테스, 이제는 그들이 누군지 알 것 같네.

젊은 소크라테스 어서 말씀해주세요. 그대는 이상한 것을 보신 것 같으니까요.

방문객 하긴, 모르면 다 이상해 보이는 법이지. 나도 방금 그런 실
c 수를 저질렀네. 나랏일에 종사하는 무리를 갑자기 봤을 때 나는 그들이 어떤 사람들인지 몰랐으니까.

젊은 소크라테스 그들이 누구지요?

방문객 거기에는 모든 소피스트 중에서 으뜸가는 요술쟁이와 능수능란한 사기꾼들이 포함되네. 배제하기가 아무리 어렵더라도 우리는 그런 자들을 진정한 정치가와 왕들의 집단에서 배제해야 하네. 우리가 찾는 것을 분명하게 보려면 말일세.

젊은 소크라테스 찾으려는 노력을 포기해서는 안 되겠지요.

방문객 안 되고말고. 이제 내 질문에 대답해주게.

젊은 소크라테스 어떤 질문이지요?

방문객 독재정치[73]는 우리가 아는 정체(政體) 가운데 하나가 아닌가? d

70 아르콘(archon '통치자')은 아테나이(Athenai)를 포함하여 대부분의 그리스 도시국가에서 사법권과 행정권을 쥔 최고 관리들에게 주어진 명칭이다. 기원전 11세기쯤 왕정이 끝나면서 아테나이에서는 귀족계급에서 선출된 세 명의 아르콘이 정부를 맡았다. 이들의 임기는 처음에는 10년이었다가 기원전 683년부터는 1년이었으며 기원전 487년부터는 추첨으로 임명되었다. 그중 아르콘 에포뉘모스(eponymos '이름의 원조')는 수석 아르콘으로, 그의 임기에 해당하는 해는 당시 널리 쓰이는 연호가 없어 '아무개가 아르콘이었던 해'라는 식으로 그의 이름에서 연호를 따온 까닭에 그렇게 불렸던 것이다. 그는 주로 재산과 가족 보호에 관한 광범위한 권한을 행사하며 판아테나이아제(Panathenaia)와 디오뉘소스제(Dionysia)를 주관했다. 기원전 7~6세기에는 이 관직을 차지하려고 정파끼리 치열한 각축전을 벌였지만, 아르콘들이 추첨으로 선출되기 시작한 기원전 487년부터는 야심가들도 더는 이 관직을 탐내지 않았다. 아르콘 바실레우스(basileus '왕')는 왕정 시대에 왕들이 주관하던 여러 가지 종교적인 임무를 수행했는데, 각종 비의(秘儀)와 레나이아제(Lenaia) 등을 주관했으며 아레이오스 파고스(Areios pagos 라/Areopagus) 회의도 주관했다. 아르콘 폴레마르코스(polemarchos '장군' '대장')는 원래 군대를 지휘하는 일을 맡아보았지만, 487년부터는 군 지휘권이 장군(strategos)들에게 넘어가면서 주로 아테나이 시민이 아닌 주민들에 관한 사법 업무를 맡아보았다. 기원전 7세기에 이르러 세 명의 아르콘에 여섯 명의 테스모테테스(thesmothetes '입법관')가 추가되었는데 이들은 주로 각종 소송업무를 주관했다. 기원전 6세기 초 솔론은 아르콘의 관직을 상위 두 재산등급에만 개방했지만, 기원전 457년부터는 세 번째 재산등급에도 개방되었다. 퇴직 아르콘들은 아레이오스 파고스 회의체의 종신회원이 되었는데, 나중에 그들도 추첨으로 임명되면서 정치적인 영향력을 상실했다.

71 켄타우로스(Kentauros)는 반인반마(半人半馬)의 괴물이다.

72 사튀로스(Satyros)는 반인반수(半人半獸)의 괴물이다.

73 monarchia.

젊은 소크라테스 네, 맞아요.

방문객 독재정치 다음 것은 권력이 소수에 집중되어 있는 정체라고 할 수 있을 걸세.

젊은 소크라테스 왜 아니겠어요?

방문객 세 번째 정체 형태는 민주주의[74]라고 불리는 다수의 통치가 아닐까?

젊은 소크라테스 물론이지요.

방문객 그런데 이 세 가지 형태의 정체는 어떤 의미에서는 다섯 가지가 아닐까? 그중 두 가지에서 이름이 다른 정체가 두 가지 더 생겨나니 말일세.

젊은 소크라테스 어떤 것들이 더 생긴다는 거죠?

e **방문객** 정체들에 나타나는 강제와 동의, 가난과 부, 합법과 불법을 고려할 때, 셋 중 처음 둘은 사실상 두 가지이므로 둘로 나눌 수 있을 걸세. 먼저 독재정치에는 각각 참주정치[75]와 왕도정치[76]라고 불리는 두 가지 형태가 있네.

젊은 소크라테스 물론이지요.

방문객 소수가 국가를 지배하는 정체도 경우에 따라 귀족정치[77] 또는 과두정치[78]라고 불리네.

젊은 소크라테스 물론이지요.

방문객 그러나 민주주의는 대개 이름이 바뀌지 않네. 민주주의는
292a 대중이 부자들을 강압적으로 지배하든, 동의를 받고 지배하든 법을 엄격히 지키든 지키지 않든, 언제나 '민주주의'라고 불리니까.

젊은 소크라테스 옳은 말씀이에요.

방문객 어떤가? 이 정체들을 구분하는 기준은 통치자가 한 명이냐 소수이냐 다수이냐, 부자냐 가난하냐, 피치자들의 동의를 받았느냐 받지 않았느냐, 성문법이 있느냐 없느냐 하는 것인데, 그래서야 어떤 정체든 올바른 정체라고 불릴 수 있겠는가?

젊은 소크라테스 왜 안 된다는 거죠?

방문객 나를 따라오면 왜 그런지 더 잘 알게 될 걸세. b

젊은 소크라테스 어느 쪽으로 가시려고요?

방문객 우리의 처음 주장을 고수할까, 아니면 철회할까?

젊은 소크라테스 어떤 주장인데요?

방문객 우리는 왕도정치가 지식 가운데 하나라고 말했던 것 같네.

젊은 소크라테스 네.

방문객 우리는 왕도정치가 지식이라는 데 동의했을뿐더러 나머지 지식들 중에서 그것을 판단하고 특히 지시하는 지식으로 골랐네.

젊은 소크라테스 네.

방문객 우리는 또한 지시하는 지식을 생명 없는 것들에게 지시하는 것과 살아 있는 것들에게 지시하는 것으로 구분했네. 그리고 c

74 demokratia.

75 tyrannis. 참주는 일종의 군사 독재자다.

76 basilike.

77 aristokratia. 원래는 '최선자(들) 정치'라는 뜻이다.

78 oligarchia.

그런 구분 과정을 계속하며 지금 여기까지 왔네. 왕도정치가 일종의 지식이라 것을 명심하면서 말일세. 하지만 그게 어떤 종류의 지식인지는 명확하게 규정할 수 없었네.

젊은 소크라테스 제대로 요약하셨어요.

방문객 그렇다면 우리는 정체들을 평가하는 기준이 통치자가 소수냐 다수냐, 피치자들의 동의를 받았느냐 받지 않았느냐, 부자냐 가난하냐가 아니라 모종의 지식이어야 한다는 점을 알아야겠지? 우리가 앞서 내린 결론들을 고수하려면 말일세.

d **젊은 소크라테스** 그래야겠지요. 우리는 앞서 내린 결론들을 고수해야 하니까요.

방문객 그렇다면 이제 우리는 이 정체들 중 어느 것에서 인간을 통치하는 지식을 찾아낼 수 있을지 살펴봐야 하네. 사실 그보다 배우기 더 어려운 지식도 없지만, 우리에게 그보다 더 중요한 지식도 없네. 이 지식이 무엇인지 알지 못하면 우리는 자기들이 정치가라고 주장하며 그렇게 믿도록 대중을 설득하는 사이비 정치가들을 지혜로운 왕과 결코 구별할 수 없을 걸세.

젊은 소크라테스 당연히 그래야겠지요. 앞서 우리 논의가 그렇게 하라고 했으니까요.

e **방문객** 자네는 설마 한 나라의 대중이 그런 지식을 습득할 수 있으리라고 생각하는 것은 아니겠지?

젊은 소크라테스 그건 말도 안 돼요.

방문객 예컨대 한 나라의 인구가 천 명이라면 그중 백 명이나 쉰

명은 그런 지식을 충분히 습득할 수 있을까?

젊은 소크라테스 그렇게 많은 사람들이 습득할 수 있는 것이라면 통치술은 모든 기술 중 가장 쉬운 것이겠지요. 우리가 알기로 헬라스의 다른 나라들을 기준으로 판단할 때 인구가 천 명인 나라에서 그만큼 많은 수의 일급 기사(棋士)도 찾을 수 없을 텐데, 왕들은 말할 필요도 없겠지요. 내가 왕들이라고 복수형을 쓴 까닭은, 우리가 앞서 말했듯이 왕도정치에 관한 지식을 습득한 이상 실제로 통치를 하든 안 하든 왕이라고 불러야 하기 때문이에요. 293a

방문객 상기시켜주어 고맙네. 그렇다면 만약 올바른 통치가 있다면 그것은 한 사람 또는 두 사람 또는 극소수의 통치일 것이라는 결론이 나는구먼.

젊은 소크라테스 물론이지요.

방문객 그런 원칙에 따라 우리는 통치술을 습득한 사람들만을 치자로 간주해야 하네. 피치자들이 동의하느냐 동의하지 않느냐는 중요하지 않네. 그들은 성문법으로 통치해도 좋고 성문법 없이 통치해도 좋으며, 부자라도 좋고 가난해도 좋네. 의사들도 마찬가지
일세. 우리는 의사의 뜸 시술이나 수술이나 다른 고통스러운 처치 b
에 우리가 기꺼이 응하느냐 마지못해 응하느냐를 의사로서의 그의 능력을 평가하는 기준으로 삼지 않네. 의사는 성문화한 처방을 쓰든 말든, 가난하든 부자든 여전히 의사일세. 관장을 하든 체중을 줄이거나 체중을 늘리든 지식에 근거하여 우리 건강을 조절하는 한 우리는 의사를 여전히 의사라고 부르니까. 우리가 유일하

게 고려할 사항은 의사의 처치가 우리 몸에 좋으냐는 걸세. 우리는 의사가 우리 몸을 돌볼 때 우리 몸을 보전하고 몸 상태를 개선
c 하는 데 늘 관심이 있는지만 물어야 한다는 말일세. 그러니 우리는 그것이 의술이나 그 밖의 다른 통치술을 평가하는 유일한 기준이라고 주장해야 할 걸세.

젊은 소크라테스 물론이지요.

방문객 그렇다면 정체들 중에서 유일하게 이름값을 하는 진정한 정체는 필연적으로 그 치자들이 겉으로만 지식을 갖고 있는 것처럼 보이는 게 아니라 진실로 지식을 갖고 있는 정체일세. 치자들이 법률에 따라 다스리든 법률 없이 다스리든, 피치자들이 동의하든
d 동의하지 않든, 치자들이 가난하든 부자든 말일세. 우리는 이 가운데 어떤 것도 정당성의 잣대로 삼을 필요는 없네.

젊은 소크라테스 훌륭한 말씀이에요.

방문객 또한 그들은 일부 시민들을 처형하거나 추방함으로써 나라가 더 건강해지도록 나라를 정화할 수 있네. 그들은 또 벌통에서 벌 떼를 내보내듯 여러 식민지로 개척자들을 내보냄으로써 나라의 규모를 줄이거나 바깥세상에서 외지인들을 데려와 시민권을 부여함으로써 나라의 규모를 늘릴 수도 있네. 그들이 지식과 정의에 근거하여 나라를 최대한 개선함으로써 나라를 보전하려고 노
e 력하는 한, 우리는 그들의 그런 정체를 그런 판단 기준에 따라 하나뿐인 올바른 정체라고 불러야 하네. 우리는 또한 그 밖의 다른 정체들은 모두 순수하지도 않고 실재하지도 않는 것으로, 올바른

정체를 모방한 것이라고 말해야 하네. 그중 제대로 통치되는 것들은 올바른 정체를 그런대로 흉내 낸 것이고, 나머지는 올바른 정체를 희화화한 것일세.

젊은 소크라테스 손님, 나는 그대의 말씀에 대체로 동의하지만, 법률 없이 통치한다는 말씀은 좀 듣기가 거북하네요.

방문객 자네가 한발 앞서가는군, 젊은 소크라테스. 나는 자네가 294a
내 말을 모두 받아들이는지, 아니면 그중 일부에 거부감을 느끼는지 물을 참이었거든. 자네 말을 듣고 보니 이제는 법률 없이 통치하는 것이 과연 정당한지 자세히 검토해야 할 것 같네.

젊은 소크라테스 물론이지요.

방문객 어떤 의미에서 왕도정치에는 분명 입법술도 포함되네. 하지만 가장 바람직한 것은 법이 지배하는 것이 아니라, 왕도정치에 대한 이해와 지혜를 겸비한 사람이 지배하는 것일세. 왜 그런지 알겠는가?

젊은 소크라테스 모르겠어요. 왜 그렇지요?

방문객 법은 결코 만인에게 가장 훌륭한 것과 가장 공정한 것을 b
포괄하여 만인에게 가장 좋은 것을 정확하게 지시할 수 없기 때문이지. 사람과 행위가 서로 다르고 인생사는 한시도 가만있지 않기에, 어떤 기술로도 누구에게 언제까지나 적용될 보편적이고 단순한 법률을 선포할 수 없으니까. 거기까지는 자네도 동의하겠지?

젊은 소크라테스 물론이지요.

방문객 그러나 보다시피, 법이 추구하는 것은 그처럼 보편적이고

c 단순한 것일세. 법은 상황이 바뀌어 어떤 사람에게는 그런 법을
어기는 것이 더 낫다는 사실이 드러나는데도 누가 자기 명령을 어
기고 행동하거나 의문을 제기하는 것을 용납하지 않는 고집불통
무식꾼과도 같다네.

젊은 소크라테스 맞아요. 법은 그대가 말씀하신 그대로 우리 모두를 대하니까요.

방문객 그렇다면 언제까지나 단순한 것으로는 결코 단순하지 않은 것들에 대처할 수 없겠지?

젊은 소크라테스 그럴 것 같아요.

d **방문객** 법이 완벽한 정의일 수 없다면 도대체 왜 법을 제정해야 하
지? 우리는 그 이유를 알아내야 할 걸세.

젊은 소크라테스 물론이지요.

방문객 다른 나라들과 마찬가지로 이곳 아테나이에도 달리기나 그 밖의 다른 운동 경기에서 우승하게 하려고 사람들을 집단적으로 훈련하는 방법들이 있겠지?

젊은 소크라테스 아주 많이 있지요.

방문객 그렇다면 이번에는 이런 집단들을 훈련할 때 트레이너들이 내리는 지시들을 떠올려보세.

젊은 소크라테스 무슨 말씀이신지요?

방문객 트레이너들은 개인들을 위해 세분화한 지시를 하거나 각
e 자의 체질에 꼭 맞는 특수 처방을 하는 것은 불가능하다고 생각하
네. 그들은 오히려 최대 다수의 건강에 유익한 일반 처방을 해야

한다고 생각하지.

젊은 소크라테스 옳은 말씀이에요.

방문객 그래서 그들은 모든 훈련생들이 같은 양의 훈련을 받게 하네. 그들은 달리기든 레슬링이든 그 밖의 다른 경기든 훈련생들이 동시에 시작하여 동시에 마치게 한단 말일세.

젊은 소크라테스 아닌 게 아니라 그래요.

방문객 마찬가지로 우리는 무리를 통솔해야 하는 입법자가 정의와 인간 상호관계에서 모든 개인에게 가장 적절한 것을 제공할 수 295a
있으리라고 기대해서는 안 되네. 입법자도 집단 전체의 이익을 위해 입법하니까.

젊은 소크라테스 일리 있는 말씀 같아요.

방문객 성문법을 제정하든 관습에 따라 불문법을 입법하든 그는 아마 이렇듯 다수를 위해 보편적인 형태로 입법하고, 개별 시민들의 요구에는 대충 부응할 걸세.

젊은 소크라테스 옳은 말씀이에요.

방문객 옳고말고. 젊은 소크라테스, 어떻게 입법자가 평생 동안 개 b
개인의 곁을 지키고 앉아 그가 해야 할 일을 일일이 정확하게 지시할 수 있겠는가? 또한 왕도정치를 제대로 알고 있는 사람들 중에 설사 그럴 능력이 있는 사람이라 하더라도 우리가 논의 중인 성문법을 제정함으로써 자기에게 장애물이 되게 하지는 않을 걸세.

젊은 소크라테스 손님, 그것은 우리 논의의 당연한 결론이에요.

방문객 여보게, 우리가 앞으로 논의하게 될 것을 들어보면 더욱 그렇다네.

젊은 소크라테스 그게 무엇인가요?

c **방문객** 말하겠네. 의사나 트레이너가 외국 여행을 계획 중인데 자
기들이 돌보던 사람들과 꽤 오랫동안 떨어져 있을 것으로 예상한
다고 가정해보게. 그러면 그는 자기가 지시한 것을 훈련생이나 환
자가 잊어버릴 것에 대비해 이들을 위해 메모를 남겨두려 할 걸세.
자네는 그렇게 생각하지 않는가?

젊은 소크라테스 그렇게 하겠지요.

방문객 그런데 의사가 예상만큼 오래 출타하지 않고 더 일찍 환자
에게 돌아온다면 어떨까? 그는 이전 지시를 새로운 지시로 대치하
려 하지 않을까? 만약 바람이 바뀌거나 예기치 못한 신의 가호로
d 환자의 상태가 호전된다면 말일세. 의사는 누구도 이전 처방을 어
겨서는 안 된다고 고집을 부리면서, 자기도 새로운 처방을 내리지
않고 환자도 자기가 메모해준 처방에 어긋나는 짓을 하지 못하게
할까? 이전의 처방이 의술의 원리에 맞고 건강에 좋으며, 처방을
바꾸는 것은 건강에도 좋지 않고 의술의 원리에도 어긋난다고 믿
고는 말일세. 만약 지식이나 진정한 기술 분야에서 그런 일이 벌어
e 진다면, 그런 종류의 입법은 완전히 웃음거리가 되지 않을까?

젊은 소크라테스 완전히 웃음거리가 되겠지요.

방문객 이번에는 어떤 입법자가 옳은 것과 불의한 것, 고상한 것과
수치스러운 것, 좋은 것과 나쁜 것에 관해 성문법이나 불문법을
제정하여 몇몇 나라에서는 사람들의 무리가 이 입법자가 제공한

법의 지배를 받으며 모여 사는데, 이 입법 전문가나 그를 닮은 다른 사람이 다시 돌아온다고 가정해보게. 그럴 경우 그가 이전 법 296a
과 다른 새로운 법을 제정하지 못하게 막을 것인가? 입법자의 경우도 의사의 경우와 마찬가지로 그러지 못하게 막는 것은 가소롭지 않을까?

젊은 소크라테스 가소롭고말고요.

방문객 이런 문제가 제기되었을 때, 사람들이 대개 뭐라고 말하는지 아는가?

젊은 소크라테스 지금 당장에는 생각나지 않는데요.

방문객 그들의 말에는 일리가 있네. 그들의 말인즉, 누가 이전 법보다 더 나은 법을 안다면 먼저 자기 나라를 설득하고 나서 입법해야 하며, 그러기 전에는 입법해서는 안 된다는 걸세.

젊은 소크라테스 어때요, 그들의 말이 옳지 않은가요?

방문객 그럴지도 모르지. 한데 설득하지 않고 누가 힘으로써 정체 b
를 개선한다고 가정해보게. 그럴 때 우리는 그 힘을 무엇이라고 불러야 하는가? 그러나 그 질문에 아직은 대답하지 말게. 우리가 앞서 논의하던 것과 관련하여 먼저 질문하게 해주게.

젊은 소크라테스 그게 무엇인가요?

방문객 의술에 능한 의사가 아이든 남자든 여자든 자기 환자를 설득하지 못하고 이전에 메모해준 처방에 반(反)하는 처치를 받도록 강요한다면, 우리는 이런 종류의 처방을 무엇이라고 부를 텐가? 설마 그것을 '의술에 반하는 건강을 해치는 행위'라고 부르지는

c 않을 걸세. 또한 강요당한 환자도 자기에게 강요한 의사의 행위를
건강을 해치는 반(反)의술적인 것이었다고 말하지 않는 것이 백
번 옳지 않을까?

젊은 소크라테스 지당하신 말씀이에요.

방문객 그렇다면 통치술에서의 과오는 무엇이라고 부르는가? 치욕, 악, 불의라고 부르지 않는가?

젊은 소크라테스 물론이지요.

방문객 그렇다면 시민들이 성문법과 관습에 반해 종전보다 더 올
바르고 더 좋고 더 고상한 행위를 하도록 강요당한다면, 그런 강요
d 를 당하는 것에 이의를 제기할까? 완전한 웃음거리가 되지 않으려
면, 강요당한 사람들은 자기들이 강요한 사람들에게 치욕과 해악
과 불의를 당했다는 말은 절대로 하지 않겠지?

젊은 소크라테스 지당하신 말씀이에요.

방문객 그런데 강요하는 사람이 부자면 강요는 옳고, 강요하는 사
람이 가난하면 강요는 불의할까? 치자가 피치자들의 동의를 받든
e 받지 않든, 부자든 가난하든, 성문법에 따르든 불문법에 따르든
시민들에게 유익한 행위를 할 수 있다면, 바로 이것이 올바른 통치
의 가장 참다운 기준이 되어야 하지 않을까? 그리고 지혜롭고 훌
륭한 치자는 이 기준에 따라 피치자들의 일을 처리해야 하지 않을
까? 예를 들어 선장은 매 순간 배와 선원들에게 유익한 것에 주의
297a 를 기울이며, 성문법을 제정함으로써가 아니라 자신의 기술을 법
으로 삼음으로써 동승자들의 목숨을 구하네. 그처럼 올바른 정체

도 성문법보다 더 효과적인 기술의 힘을 제공함으로써 그런 정신으로 다스릴 줄 아는 사람들에 의해 만들어질 수 있지 않을까? 지혜로운 치자들은 언제나 자신들의 지성과 기술을 활용해서 피치자들에게 베푸는 정의를 극대화하는 일에 전념하는 한 무엇을 하 b
든 과오를 범할 수 없네. 무엇보다 그들은 사람들을 전보다 더 낫게 만들기 위해 할 수 있는 일은 무엇이든 하네.

젊은 소크라테스 아무튼 방금 하신 말씀에 이의를 제기할 수는 없겠네요.

방문객 우리가 앞서 주장한 것에도 반론을 제기할 수 없을 걸세.

젊은 소크라테스 그게 어떤 주장이지요?

방문객 그들이 누구든 다수가 통치술을 습득하여 지성으로 나라를 다스리는 것은 불가능하므로 하나뿐인 올바른 정체는 소수나 한 사람에게서 찾아야 하며, 다른 정체들은 앞서 말했듯이 모두 c
이 정체를 모방한 것들로, 어떤 것들은 성공적으로 모방했지만 어떤 것들은 이 정체를 희화한 것이라는 주장 말일세.

젊은 소크라테스 왜 그런 말씀을 하시는 거죠? 그리고 그게 무슨 뜻이지요? 나는 그대가 방금 모방에 관해 말씀하신 바를 이해하지 못했으니까요.

방문객 또한 이런 문제를 제기한 뒤 오늘날 이 문제와 관련하여 빚어지는 실수를 토론을 통해 밝히지 않고 그냥 폐기해버리는 것은 심각한 문제이기도 하네. d

젊은 소크라테스 그게 어떤 실수지요?

방문객 우리가 찾으려는 것은 우리에게 익숙한 것도 아니고 발견하기 쉬운 것도 아닐세. 그렇다 해도 그것을 파악해보도록 하세. 자, 말해보게. 우리가 말한 그 정체가 하나뿐인 올바른 정체라면, 다른 정체들은 이 정체의 성문법을 따라야 하지 않을까? 설사 가장 올바른 것은 아니라 하더라도 오늘날 칭찬받는 것을 행함으로써 살아남으려면 말일세.

젊은 소크라테스 그게 뭐지요?

e **방문객** 어떤 시민도 법을 어기는 행위를 해서는 안 되고 감히 그런 짓을 하는 자는 사형을 포함한 극형에 처해야 한다는 원칙 말일세. 그리고 방금 우리가 최선책이라고 말한 것을 파기할 경우, 이것은 차선책으로서 가장 올바르고 가장 훌륭한 것일세. 이번에는 우리가 차선책이라고 부른 것이 어떻게 해서 생겨나는지 자세히 논하기로 하세. 그래야겠지?

젊은 소크라테스 물론이지요.

방문객 그렇다면 우리가 애용하는 비유들로 다시 돌아가세. 우리는 그 비유들을 통해서만 왕다운 치자들을 그릴 수 있으니까.

젊은 소크라테스 그게 어떤 비유들이지요?

방문객 고상한 선장과 '다른 사람 만 명의 가치가 있는 의사'[79] 말일세. 우리는 그들이 가상적인 상황을 연기하게 하여, 그것에 힘입어 왕다운 치자의 상(像)을 발견하기로 하세.

젊은 소크라테스 그게 어떤 상황이지요?

298a **방문객** 이런 걸세. 우리가 모두 선장과 의사에게 끔찍하게 학대받

는다고 가정해보게. "선장이나 의사는 우리 가운데 누구를 구하고 싶으면 구하고, 해코지하려면 해코지하지. 의사는 수술이나 뜸으로 우리를 해코지하며 마치 세금을 부과하듯 경비를 물게 하여 쥐꼬리만큼만 환자를 위해 쓰고 나머지는 의사 자신과 그의 하인들이 쓰지. 그러다가 마지막에는 의사가 환자의 친척이나 적에게 b
서 뇌물을 받아먹고 환자를 죽이기까지 하지. 선장도 다른 나쁜 짓을 수없이 저지르지. 선장은 음모를 꾸며 배가 출항할 때 우리를 바닷가에 버리고 떠나는가 하면, 바다에서 사고가 나게 하여 우리를 바닷물에 던지는 등 그가 저지르는 악행은 한두 가지가 아니니까."

우리가 선장과 의사에게 그런 인상을 받았기 때문에 그들에 대해 다음과 같이 결의했다고 가정해보게. "우리는 앞으로 그런 기 c
술에 종사하는 자들이 그 분야에서 노예들이나 자유민들에게 전권을 행사하는 것을 허용하지 않는다. 그래서 우리는 주민 전체로 구성되든 부자들로만 구성되든 우리 자신의 회의를 소집하기로 결의한다. 우리는 이 직업들 또는 다른 직업들에 전문 지식이 있건 없건 누구나 항해와 질병에 대해 의견을 말할 수 있게 한다. 그는 우리가 약과 의료기기를 환자에게 어떻게 사용해야 하는지에 대해서뿐만 아니라, 항해와 그 위험들에 대처하기 위해 배와 선 d

79 『일리아스』 11권 514행.

구를 어떻게 사용해야 하는지에 대해서도 의견을 말할 수 있는데, 그 위험들 중 어떤 것들은 바다를 항해함으로써 바람과 조수 때문에 생기고, 어떤 것들은 해적들을 만남으로써 발생한다. 그는 또한 우리 전함이 적의 전함과 교전할 필요가 있는지에 대해서도 의견을 말할 수 있다."

그리고 건의한 사람이 의사든 선장이든 비전문가이든 이런 문
제들에 대해 다수가 결의한 것이 석판이나 서판에 새겨지거나 또
e 는 성문화되지는 않아도 나라의 관습이 되어, 그 뒤로는 항해할
때도 환자를 돌볼 때도 언제나 이 법과 관습에 따른다고 가정해
보게.

젊은 소크라테스 정말로 요지경 속 같은 말씀을 하시네요.

방문객 또한 해마다 부자들이나 전 시민 중에서 제비뽑기로 선출된 치자들이 대중을 다스리는데, 이 치자들은 선출되고 나면 배를 운항하거나 환자를 치료할 때 성문법을 따른다고 가정해보게.

젊은 소크라테스 갈수록 태산이로군요.

방문객 그다음 것도 보게. 일 년 임기가 끝나고 나면 이 치자들은
모두 감사원에 출두하는데, 감사관들은 부자들 중에서 선발되거
299a 나 전 시민 중에서 제비뽑기로 선출된 사람들일세. 감사관은 누구
든 원하기만 하면 치자들을 감사할 수 있으며, 그들이 임기 중에 성문법이나 선조들의 관습에 따라 배를 운항하지 않았다고 고발할 수 있네. 환자를 치료한 경우에도 그와 비슷한 고발을 당할 수 있네. 치자들 가운데 누가 유죄 선고를 받으면 감사원은 그가 어

떤 벌을 받아야 하는지, 또는 얼마나 많은 벌금을 물어야 하는지
결정해야 하네.

젊은 소크라테스 그런 상황에서 자진하여 관직에 취임하는 사람이
라면, 어떤 벌을 받든 얼마나 많은 벌금을 물든 당연히 감수해야 b
겠지요.

방문객 그에 더하여 우리는 다른 비행을 막기 위해서도 다음과 같
은 법을 제정해야 하네. 누가 조타술이나 항해를, 바람과 더위와
추위 같은 기후 조건과 관련하여 의술의 본성이나 건강을 성문법
에 반하여 규명하려다 발각되면, 누가 그런 것들에 관해 독자적인
이론을 개발하려다 발각되면 첫째, 우리는 그를 의사나 선장이 아
니라 구름 잡는 수다쟁이 소피스트라고 불러야 하네. 둘째, 누구
든지 그럴 자격이 있는 사람은 원하기만 하면 그를 고발하여 그가
주위의 젊은이들을 타락시키고 젊은이들이 불법적으로 항해술과 c
의술에 종사하고 배와 환자를 제멋대로 다루도록 부추긴다는 이
유로 법정으로 소환해도 좋네. 그리고 그가 성문법에 반하여 불법
적으로 행동하도록 노소를 막론하고 사람들을 설득하는 것으로
결론 나면 극형에 처해질 것이네. 어떤 것도 법보다 더 지혜로워서
는 안 되니까. 의술과 건강 또는 조타술과 항해에 무식한 사람이
라도 원하기만 하면 성문법과 관습을 배움으로써 무식을 면할 수
있기 때문이지.

젊은 소크라테스, 우리가 말한 그런 일들이 실제로 일어난다고 d
가정해보게. 그런 일이 의술과 조타술뿐만 아니라 용병술과 사냥

술 일반, 회화와 그 밖의 다른 모든 모방술, 목공술과 온갖 종류의 도구 제작술, 농사일과 농업 일반에 국한되지 않고 말 사육과
e 목축 일반, 예언술이나 다른 형태의 봉사, 장기, 산술에서 평면기하학과 입체기하학과 움직이는 물체에 관한 연구에 이르는 온갖 수학도 성문법에 얽매이고 기술에 따르지 않는다고 가정해보게. 만약 그 모든 것이 그런 식으로 행해진다면 세상은 도대체 어떻게 될까?

젊은 소크라테스 분명 모든 기술이 사라지고 다시는 생겨나지 못하겠지요. 탐구하는 것을 법이 금하니까요. 그 결과, 그러잖아도 사는 것이 괴로운데 그때는 참을 수 없는 고역이 되겠지요.

300a **방문객** 다음은 어떤가? 앞서 말한 모든 기술이 성문법을 따르도록 강요하며 우리가 성문법을 관장할 공직자를 뽑거나 제비뽑기로 선출했는데, 그가 성문법을 거들떠보지도 않고 누구에게 뇌물을 받아먹었거나 개인적으로 신세를 진 까닭에 저도 모르게 성문법을 어기려 한다고 가정해보게. 앞서 말한 사태도 나쁘지만 이런 사태는 더 나쁘지 않을까?

젊은 소크라테스 옳으신 말씀이에요.

b **방문객** 오랜 경험과 현명한 조언과 민중에 대한 설득의 산물인 법을 감히 어기려 하는 것은 성문법에 집착하는 것보다 더 큰 과오를 범하는 것이며 모든 종류의 활동을 더 그르칠 걸세.

젊은 소크라테스 왜 아니겠어요?

c **방문객** 그런 위험이 있으니, 무엇에 관해서건 법을 제정하거나 성

문화한 규정을 정하는 사람들에게 차선책[80]은 개인이건 집단이건 그 법과 규정을 어기지 못하게 하는 걸세.

젊은 소크라테스 옳은 말씀이에요.

방문객 이런 법들은 지식을 가진 사람들이 말한 것을 되도록 정확하게 성문화한 것이라면, 그 하나하나가 나름대로 진리를 모방한 것이겠지?

젊은 소크라테스 왜 아니겠어요?

방문객 또한 자네는 우리가 앞서 지식을 가진 진정한 정치가에 관해 무슨 말을 했는지 기억하는가? 그때 우리는 그가 자신이 성문화하게 하고 자기가 출타 중일 때 꼭 준수하라고 백성들에게 일러둔 것보다 다른 것이 더 낫다고 생각하면 성문법을 무시하고 자기 d
기술로 활동에 많은 변화를 꾀할 것이라고 말했네.

젊은 소크라테스 그렇게 말했지요.

방문객 그렇다면 개인이든 대중이든 법을 제정한 다음 그렇게 하는 것이 더 낫다고 생각하고 법에 어긋나는 행동을 한다면, 그것은 진정한 정치가가 있는 힘을 다해 하는 것과 같은 행동을 하는 것이겠지?

젊은 소크라테스 물론이지요.

80 deuteros plous('제2 항해'). 순풍에 돛을 달고 힘들이지 않고 항해하는 것이 상책('제1 항해')이라면, 노를 저어 힘들게 항해하는 것은 차선책이라는 뜻인 듯하다.

방문객 그리고 그들이 지식도 없이 그렇게 한다면 진리를 모방하

e 려다 아주 서투르게 모방할 걸세. 그러나 그들이 전문 지식을 갖추고 그렇게 한다면 그것은 이미 모방이 아니라 우리가 말하는 가장 진실한 것 자체가 될 걸세.

젊은 소크라테스 그렇고말고요.

방문객 그런데 우리는 조금 전에 대중은 어떤 기술도 터득할 수 없다는 데 동의했네.

젊은 소크라테스 네, 그랬지요.

방문객 그렇다면 왕도적 통치술이 있다 해도 부자들의 집단이나 시민 전체는 결코 그런 통치술을 터득할 수 없을 걸세.

젊은 소크라테스 물론이지요.

301a **방문객** 그렇다면 이런 저급한 정체들이 한 사람이 지식을 갖고 다스리는 참된 정체를 되도록 잘 모방하려면, 법이 제정되어 있을 경우 성문화된 것과 조상 전래의 관습을 절대로 어기지 못하게 해야 하네.

젊은 소크라테스 참으로 훌륭한 말씀이에요.

방문객 그래서 부자들이 그런 정체를 모방하면 우리는 그것을 귀족정치라 부르고, 부자들이 법을 무시하면 우리는 그것을 과두정치라 부른다네.

젊은 소크라테스 그런 것 같네요.

방문객 또한 한 사람이 지식을 가진 사람을 모방하여 법에 따라

b 다스리면 우리는 그를 왕이라고 부른다네. 그 한 사람이 법에 따

라 다스리기만 하면 우리는 그가 지식을 갖고 다스리든 의견을 갖고 다스리든 이름으로는 구별하지 않는다네.

젊은 소크라테스 그런 것 같아요.

방문객 따라서 정말로 지식을 가진 한 명이 다스린다 해도 그는 여전히 왕이라 불리고 다른 이름으로는 불리지 않을 걸세. [그래서 우리가 앞서 언급한 정체들의 이름은 다섯이지만 이제는 하나뿐일세.][81]

젊은 소크라테스 그런 것 같아요.

방문객 그러나 어떤 1인 치자가 법과 관습에 따라 통치하지 않고 c
지식을 가진 사람을 흉내 내어, 최선의 결과를 얻기 위해서라면 성문법을 위반할 수도 있다고 주장하지만 실은 욕구와 무지 때문에 그렇게 행동하는 것이라면, 우리는 그를 참주라고 불러야 하지 않을까?

젊은 소크라테스 물론이지요.

방문객 단언컨대 그리하여 참주가 생겨났고, 왕과 과두정치와 귀족정치와 민주정치가 생겨났네. 〈그러니 앞서 언급한 정체들은 모두 합해 다섯에 불과하네.〉[82] 사람들은 아무리 완전한 1인 치자라

81 여기서 '방문객'은, 엄밀히 말해 정체는 한 가지뿐인데, 그것이 진정한 왕도정치와 이를 모방한 네 가지 저급한 정체로 구분된다고 보는 것 같다. [ ]은 나중에 가필된 것으로 의심되는 부분이다.

82 〈 〉 안은 나중에 삽입되었음이 확실시되는 부분이다.

해도 한 사람의 통치를 받는 것이 불편했기 때문이지. 사람들은, 누군가 그렇게 통치할 자격이 있으며 미덕과 지식을 갖고 다스림
d 으로써 올바른 것과 경건한 것을 만인에게 공정하게 베풀려 하거나 베풀 수 있다고 믿기는커녕, 그런 절대 권력을 가진 사람은 언제든지 마음만 먹으면 우리 중 아무나 모욕하고 죽이고 해코지할 것이라고 확신하니까. 물론 사람들은 우리가 말한 그런 사람이 나타나면 사랑받을 것이고 엄밀한 의미에서 하나뿐인 올바른 정체를 행복하게 이끌 것이라는 점은 인정하지만 말일세.

젊은 소크라테스 왜 아니겠어요?

방문객 그러나 지금은 단언컨대 마치 벌집 안에 여왕벌이 태어나
e 듯 나라 안에 왕이, 몸과 마음이 특별히 뛰어난 사람이 태어나지 않으므로, 가장 참된 정체의 발자국을 밟아가기 위해서 사람들이 한데 모여 성문법을 제정할 필요가 있는 것 같네.

젊은 소크라테스 그런 것 같아요.

방문객 그렇다면 젊은 소크라테스, 정체들이 세워진 기초가 그런 것이어서 지식에 의존하지 않고 성문법과 관습에 따라 일을 처리한다면, 그런 정체들에 나쁜 일이 많이 생겼고 앞으로도 많이 생
302a 길 것이라는 게 과연 놀라운 일일까? 다른 기술이 그런 기초 위에 세워졌더라면 분명 그것이 이룩해놓은 모든 것이 무너져 내렸을 걸세. 오히려 국가의 타고난 자생력이 더 놀라운 것 아닐까? 국가들은 긴긴 세월 나쁜 일을 많이도 당했건만 그중 일부는 전복되지 않고 여전히 존속하고 있으니 말일세. 사실 많은 국가들이 바다에

서 침몰하는 배처럼 망했고, 망하고 있으며, 앞으로도 망할 걸세. 가장 중요한 일에 가장 무지한 선장과 선원들의 무능 때문에 말일세. 이들은 국가라는 배를 운항하는 기술에 전적으로 무지하면서 b
도 모든 기술 중에서도 이 기술에 가장 통달했다고 자신하는 자들이니까.

젊은 소크라테스 지당하신 말씀이에요.

방문객 그렇다면 이 올바르지 못한 정체들은 모두 더불어 살기가 어렵지만 그중 어느 것이 가장 덜 어렵고, 어느 것이 가장 견디기 힘들까? 이것이 지금 논제와 관련하여 부차적인 것이라 하더라도 우리는 이 문제를 고찰해야겠지? 사실 우리는 무엇을 하든 누구나 대개 그 점을 염두에 두는 것 같으니까.[83]

젊은 소크라테스 고찰해야겠지요, 당연히.

방문객 그렇다면 자네는 세 가지 정체 가운데 하나가 동시에 유난 c
히 괴롭고 가장 수월하다고 말하게나.

젊은 소크라테스 무슨 말씀이신지요?

방문객 나는 지금 걷잡을 수 없이 커져버린 이 논의를 설명하기 시작하면서 정체에는 세 가지가 있다고 말했네. 1인 정체, 소수 정체, 다수 정체 말일세.

젊은 소크라테스 네, 세 가지가 있었지요.

83 가장 견딜 만한 것을 찾으려 한다는 뜻이다.

방문객 그것들 하나하나를 둘로 나누면 우리는 여섯 가지를 갖게 되네. 올바른 정체는 그것들과는 별개의 것이니 일곱 번째로 간주하세.

젊은 소크라테스 다른 세 가지를 어떻게 나눈다는 거죠?

d **방문객** 우리는 1인 정체는 왕도정치와 참주정치로 나눌 수 있고, 소수 정체는 그 이름도 상서로운 귀족정치와 과두정치로 나눌 수 있다고 말했네. 다수 정체에 아까는 민주주의라는 하나의 이름을 부여했지만, 이제는 이를 둘로 나누어야 하네.

젊은 소크라테스 어떤 기준에 따라 어떻게 나눈다는 거죠?

방문객 이 정체도 다른 정체들에 적용한 것과 같은 기준에 따라 나눌 걸세. 비록 '민주주의'라는 이름이 지금은 두 가지 뜻을 갖고

e 있지만 말일세. 다른 정체들과 마찬가지로 이 정체도 법에 따라 다스리는 것과 법을 어기고 다스리는 것으로 구분할 수 있으니까.

젊은 소크라테스 그건 그래요.

방문객 우리가 올바른 정체를 찾으려고 했을 때는 민주주의를 이렇게 구분하는 것은 앞서 설명했듯이 쓸모없는 짓이었네. 그러나 지금은 우리가 올바른 정체를 제외하고 다른 정체들과 더불어 살아야 하는 것으로 가정하고 있는 만큼, 법에 따라 다스리는 것과 법을 어기고 다스리는 것이 이 정체들을 각각 둘로 나누는 기준이 되는 걸세.

젊은 소크라테스 말씀을 듣고 보니 그런 것 같네요.

방문객 그렇다면 1인 정체는 우리가 법이라고 부르는 훌륭한 성문

법에 매여 있다면 여섯 정체 중에서 최선이고, 법을 무시한다면 더 불어 살기 힘들고 가장 견디기 어려운 것일세.

젊은 소크라테스 그런 것 같네요. 303a

방문객 소수 정체는 '소수'라는 말이 하나와 다수의 중간이듯 좋은 일을 행하고 나쁜 일을 행하는 데서도 중간이라고 생각해야 하네. 한편 다수 정체는 모든 면에서 허약하고 다른 정체들에 견주어 크게 좋은 일도 할 수 없고 크게 나쁜 일도 할 수 없네. 이 정체에서는 관직이 너무 세분화되고 너무 많은 사람에게 배분되기 때문이지. 그래서 이 정체는 모든 유형의 정체가 법을 지킬 때는 최악이지만, 모든 유형의 정체가 법을 어길 때는 최선일세. 따라서 b
모든 유형의 정체가 무절제할 때는 민주 정체에서 사는 것이 상책이지만, 모든 유형의 정체가 질서정연할 때는 민주 정체에서 사는 것이 가장 덜 바람직하다네. 그렇지만 여섯 가지 정체 중에서 첫 번째인 왕도정체에서 사는 것이 최선 중의 최선일세. 일곱 번째 정체는 빼고 말일세. 일곱 번째 정체는 마치 신이 인간들보다 우월하듯이 다른 정체들보다 월등히 우월하니까.

젊은 소크라테스 당연한 결론인 것 같아요. 그러니 우리는 그대의 말씀대로 해야겠지요.

방문객 그렇다면 우리는 지식에 기초한 정체 말고 이 정체들 가운데 어느 하나에 적극적으로 참여하는 자들은 배제해야 하네. 그 c
들은 정치가가 아니라 당파싸움꾼들이고 사이비 정부의 지도자들이고 자신들도 사이비들이니까. 그리고 그들은 최고의 모방자들이자 협잡꾼들이지만, 소피스트 중에서도 우두머리 소피스트 들일세.

젊은 소크라테스 '소피스트'라는 말이 돌고 돌아 결국 임자를 만나는 것 같군요. 사이비 정치가들 말예요.

방문객 좋아. 그게 우리 연극의 본래 모습일세. 조금 전에 우리는 그들이 켄타우로스와 사튀로스들의 떠들썩한 무리처럼 보이므로
d 그들이 하는 일을 통치술에서 배제해야 한다고 말했는데, 이제야 가까스로 그렇게 했기에 하는 말일세.

젊은 소크라테스 그런 것 같아요.

방문객 하지만 더 힘든 다른 일이 남아 있네. 이 집단은 왕도적인 치자 부류와 더 비슷해서 구별하기가 더 어렵기 때문이지. 이제 우리는 금 제련공처럼 행동해야 할 것 같다는 말일세.

젊은 소크라테스 왜 그렇지요?

방문객 금 제련공들이 맨 먼저 하는 일은 흙과 돌과 이물질들을 제거하는 것일세. 그러고 나면 금과 비슷한 값진 것들이 금과 섞인
e 채로 남게 되는데, 이것들은 불에 의해서만 분리될 수 있네. 그것은 구리나 은이거나, 때로는 아다마스[84]일 수도 있네. 마지막으로 용해와 정련 과정을 반복하며, 이런 것들을 힘들게 제거하고 나면 사람들 말마따나 '순금'이 모습을 드러낸다네.

젊은 소크라테스 아닌 게 아니라 금은 그렇게 제련한다고들 하더군요.

방문객 우리 처지도 마찬가지인 것 같네. 우리는 지금 통치술에서

이질적이고 적대적인 요소들을 배제했지만 통치술과 관계있는 값진 것들이 여전히 남아 있기에 하는 말일세. 거기에는 전술, 사법, 왕도정치에 협력하는 수사학이 포함되네. 정의를 행하도록 사람 304a 들을 설득함으로써 국가라는 배를 운행하는 데 도움을 주는 수사학 말일세. 어떻게 해야 가장 쉽게 이런 것들을 떼어내고 우리가 찾는 정치가 본연의 모습을 보여줄 수 있을까?

젊은 소크라테스 물론 어떻게든 시도해봐야겠지요.

방문객 시도해서 될 일이라면 그는 모습을 드러내게 될 걸세. 그의 모습을 드러내는 데는 음악이 도움이 될 것 같구먼. 다음 질문에 대답해주게.

젊은 소크라테스 어떤 질문이지요?

방문객 음악은 우리가 배울 수 있는 것이겠지? 손재주가 필요한 b
다른 기술들도 그 점에서는 모두 마찬가지겠지?

젊은 소크라테스 그렇지요.

방문객 어떤가? 우리가 그중 어떤 것을 배워야 할지 말아야 할지 결정하는 더 고급 지식이 있다고 말할까? 아니면 자네는 뭐라고 말할 텐가?

젊은 소크라테스 그래요. 우리는 그런 지식이 있다고 말해요.

방문객 그렇다면 우리는 이 지식이 다른 지식들과 다르다는 데 동

84 아다마스(adamas)는 고대 그리스인들이 생각하는 가장 단단한 금속이다.

의할 텐가?

젊은 소크라테스 네.

c **방문객** 그런데 어떤 지식도 다른 지식을 지배해서는 안 되는가, 아니면 다른 지식들이 이 지식을 지배해야 하는가, 아니면 이 지식이 다른 지식들을 모두 감독하고 지배해야 하는가?

젊은 소크라테스 이 지식이 다른 지식들을 감독하고 지배해야겠지요.

방문객 자네 말은, 우리가 배워야 할지 말아야 할지 결정하는 지식이 우리가 배우거나 가르치는 지식을 지배해야 한다는 뜻인가?

젊은 소크라테스 물론이지요.

방문객 그렇다면 우리가 설득해야 할지 말아야 할지 결정하는 지식이 설득할 수 있는 지식을 지배해야겠지?

젊은 소크라테스 왜 아니겠어요?

d **방문객** 좋아. 그렇다면 우리는 가르침이 아니라 이야기를 통해 대중이나 군중을 설득할 수 있는 능력은 어느 지식에 배정할 텐가?

젊은 소크라테스 분명 수사학에 배정해야겠지요.

방문객 그런데 우리가 어떤 집단에게 무엇을 행할 때, 설득할 것인지 강제할 것인지 아니면 어떤 조치도 취하지 않을 것인지 결정하는 능력은 어느 지식에 배정할 텐가?

젊은 소크라테스 설득술과 언변술을 관장하는 지식에 배정해야겠지요.

방문객 그건 다름 아니라 정치가가 하는 일이겠구먼.

젊은 소크라테스 더없이 [illegible]륭한 결론이군요.

방문객 그러니 수사학[illegible]치술에서 금세 배제된 것 같네. 수사학 e
은 통치술과[illegible]것으로, 통치술을 위해 머슴 노릇을 하니 말
[illegible]

젊은 소크라테스 네.

방문객 이번에는 그와는 다른 능력을 고찰해야 할 걸세.

젊은 소크라테스 그게 어떤 능력이지요?

방문객 일단 선전포고를 한 뒤 적군과 어떻게 전쟁을 수행할 것인지 결정하는 능력 말일세. 우리는 이런 능력을 기술이라고 부를까, 아니면 기술과는 무관하다고 말할까?

젊은 소크라테스 전술과 모든 군사작전을 어떻게 기술과 무관한 것으로 볼 수 있겠어요?

방문객 그렇다면 우리가 교전을 할지 화친을 맺을지 지식을 갖고 조언할 줄 아는 기술은 그런 기술과 같은 것인가 다른 것인가?

젊은 소크라테스 우리가 앞서 논의한 바에 따르면 다른 것이라고 말해야겠지요.

방문객 우리가 앞서 논의한 것을 포기하지 않는 이상, 이 기술이 305a
전술을 지배한다고 말해야겠지.

젊은 소크라테스 동의해요.

방문객 전쟁과 관련된 모든 기술은 무시무시하고 엄중하거늘, 우리는 진정한 왕도정체 말고 무엇을 감히 그 기술의 주인으로 앉히려 할 수 있겠는가?

젊은 소크라테스 왕도정체 말고 다른 것은 안 되지요.

방문객 그렇다면 우리는 장군들의 지식은 머슴 노릇을 하는 것이니 통치술이라고 부르지 않을 걸세.

젊은 소크라테스 그래서는 안 되겠지요.

b **방문객** 자, 이번에는 올바르게 재판하는 재판관들의 능력을 검토하세.

젊은 소크라테스 좋아요.

방문객 그들의 능력은 입법자인 왕에게서 넘겨받은 기준에 비추어 사람들 상호 간의 거래가 공정한지 여부를 판결하는 데 국한되는 것이 아닐까? 그리고 그들이 훌륭할 경우 이런 일에 기여하는 것은 뇌물이나 위협이나 동정심이나 적대감이나 호감에 휘둘리지
c 않고 사람들 상호 간의 소송을 공정하게 해결함으로써 입법자의 명령을 따르는 것이 전부가 아닐까?

젊은 소크라테스 그게 전부이겠지요. 그대는 그들이 하는 일을 잘 정리해주셨네요.

방문객 그렇다면 우리는 재판관의 힘이 왕의 힘이 아니라는 것을 알아냈네. 재판관들은 법의 수호자로서 왕에게 봉사하니 말일세.

젊은 소크라테스 그런 것 같아요.

방문객 우리가 언급한 지식들을 모두 검토해본 결과, 그중 어느 것
d 도 통치술이 아니라는 결론을 내리지 않을 수 없네. 진정한 왕은 스스로 행동해서는 안 되고, 행동할 능력이 있는 사람들을 지배해야 하네. 진정한 왕은 가장 중대한 나랏일을 언제 시작하고 언

제 그만두는 것이 적절한지 알아야 하고, 다른 사람들은 그가 시키는 대로 해야 한다는 말일세.

젊은 소크라테스 옳은 말씀이에요.

방문객 그래서 지금 우리가 논의한 지식들은 서로를 지배하지도 않으며 자신을 지배하지도 않네. 하지만 그것들은 저마다 특별한 기능을 수행하기에 그 기능에 부합하는 특별한 이름으로 불리는 거지.

젊은 소크라테스 아닌 게 아니라 그런 것 같네요. e

방문객 그러나 이 지식들을 모두 지배하는 지식이 있는데, 이 지식은 법률과 모든 종류의 나랏일에 관여하며 그것들을 모두 이용해서 가장 훌륭한 천을 짠다네. 이 포괄적인 지식에 포괄적인 이름을 부여하자면, '통치술'이라고 부르는 것이 가장 타당할 듯하네.

젊은 소크라테스 전적으로 동의해요.

방문객 이제는 나라 안에 있는 모든 부류의 지식이 분명히 밝혀졌으니, 직조술을 예로 들며 통치술을 검토해볼까?

젊은 소크라테스 당연히 그래야겠지요.

방문객 그렇다면 우리는 왕다운 직조술은 어떤 것이고, 어떻게 실 306a
을 한데 엮어 어떤 천을 짜는지 논의해야 할 것 같네.

젊은 소크라테스 그렇고말고요.

방문객 그것은 설명하기 어렵지만 달리 어쩔 도리가 없구먼.

젊은 소크라테스 어렵든 말든 반드시 설명하셔야 해요.

방문객 미덕[85]의 부분은 어떤 의미에서 미덕 전체와는 종류가 다르다는 주장은 논쟁에서 대중의 의견에 호소하는 논박꾼들에게 공박당하기 일쑤라네.

젊은 소크라테스 무슨 말씀인지 모르겠어요.

b **방문객** 그렇다면 다음과 같이 말하겠네. 자네는 아마 용기[86]를 미덕의 일부로 여길 걸세.

젊은 소크라테스 물론이지요.

방문객 절제[87] 또한 용기와 다른 것이지만 용기와 마찬가지로 미덕의 일부일세.

젊은 소크라테스 네.

방문객 이제 우리는 이 두 가지 미덕과 관련하여 놀라운 이야기를 해야 하네.

젊은 소크라테스 어떤 이야기인가요?

방문객 이 둘은 어떤 의미에서 서로 심하게 적대하고 반목하는 경우가 허다하다는 이야기 말일세.

젊은 소크라테스 무슨 말씀이신지요?

c **방문객** 이건 흔히 듣는 이야기가 아닐세. 미덕의 모든 부분은 서로 우호적이라는 것이 중론이니까.

젊은 소크라테스 네.

방문객 그렇다면 우리는 아주 유심히 살펴봐야 할 것 같네. 그게 과연 그렇게 간단한 것일까, 아니면 모든 미덕은 동류에 속하지만 경우에 따라서는 서로 반목할 수 있는 것일까?

젊은 소크라테스 네, 그래야지요. 하지만 어떻게 살펴봐야 하는지 말씀해주세요.

방문객 우리가 찾고 있는 그런 현상은 우리가 바람직하다고 여기면서도 서로 상반되는 것들로 여기는 자질들이 있는 곳이면 어디서나 발견할 수 있네.

젊은 소크라테스 더 알기 쉽게 설명해주세요.

방문객 활기와 빠름을 생각해보게. 육체적인 것이든 정신적인 것이든 목소리에 관련된 것이든 상관없으며, 자네가 그것들을 그 자 d
체로 생각하든 음악가나 화가가 모방하여 제공하는 모상(模像)[88]으로 생각하든 상관없네. 자네는 일찍이 이런 자질들을 스스로 칭찬하거나, 아니면 남들이 칭찬하는 것을 들은 적이 있는가?

젊은 소크라테스 물론이지요.

방문객 그리고 그럴 때 어떤 말로 칭찬하는지 기억나는가?

젊은 소크라테스 기억나지 않아요.

방문객 내 생각을 자네에게 말로 설명할 수 있을까?

젊은 소크라테스 하실 수 있을 거예요. e

방문객 자네는 그런 걸 아주 쉬운 일로 생각하는 것 같구먼. 아무튼 서로 상반된 부류들에서는 그것이 어떻게 되는지 살펴보도록

85 arete.
86 andreia.
87 sophrosyne.
88 eidolon.

하세. 이를테면 우리는 기회만 생기면 매번 여러 가지 행위에서 빠름과 강렬함과 날카로움을 찬탄하네. 그럴 때는 그런 것들이 정신적인 것이든 육체적인 것이든 목소리에 관련된 것이든 언제나 '용기'라는 한 가지 낱말로 칭찬하네.

젊은 소크라테스 어째서 그렇지요?

방문객 우리는 먼저 '날카롭고 용감하다'고 말하고, '빠르고 용감하다' '강렬하고 용감하다'고도 말하는데, 이 부류의 모든 사람과 사물에 적용할 수 있는 공동 용어로서 이 낱말을 쓰는 것은 그런 사람과 사물들을 칭찬하기 위해서일세.

젊은 소크라테스 네.

307a **방문객** 어떤가? 우리는 부드럽게 행동하는 것을 칭찬할 때도 많지 않은가?

젊은 소크라테스 많고말고요.

방문객 그렇다면 우리는 다른 부류에 관해 말한 것과 상반되는 말을 하는 것이 아닌가?

젊은 소크라테스 어째서요?

방문객 우리는 절제된 사고와 느긋하고 부드러운 행동과 듣기 좋고 굵직한 목소리와 한결같은 모든 율동과 적당하게 느린 음악 일
b 반을 칭찬할 때는 '얼마나 차분하고 절도 있는가!'라고 말한다네. 우리는 그런 것들을 표현하기 위해 '용기'가 아니라 '침착'이라는 낱말을 쓴단 말일세.

젊은 소크라테스 지당하신 말씀이에요.

방문객 그러나 그런 자질 집단이 둘 다 시의적절하지 못하면 우리는 그것들을 칭찬할 때 쓰던 것과 반대되는 말로 비판하네.

젊은 소크라테스 어떻게요?

방문객 우리는 그것들이 지나치게 날카롭거나 빠르거나 완고해 보이면 불손과 광기라고 부르고, 너무 느긋하고 굼직하고 부드러우 c
면 무르다고 부르거나 나태하다고 부르네. 그래서 우리는 다음과 같이 일반화할 수 있을 걸세. 이런 결함들은 물론이고 성격이 상반되는 절제와 용기도 서로 적대하고 반목한다고, 그래서 우리는 어떤 활동에 관련되든 이 둘이 함께하는 것을 볼 수 없다고 말일세. 그리고 우리가 더 자세히 살펴보면 혼 안에 이런 자질이 있는 사람들은 서로 사이가 나쁘다는 것을 보게 될 걸세.

젊은 소크라테스 정확히 어디서 보게 된다는 거죠?

방문객 내가 방금 언급한 모든 영역과 그 밖에 다른 많은 영역에서
보게 되지. 사람들은 저마다 어떤 행동 부류에 친근감을 느끼느 d
냐에 따라 칭찬하거나 비난하는데, 자신의 성격과 비슷한 행위들은 칭찬하고 적대자들의 성격과 비슷한 행위들은 비난하지. 그래서 사람들은 사사건건 서로 다투게 되는 거라네.

젊은 소크라테스 그런 것 같아요.

방문객 두 부류 사이의 반목이 그 정도로 끝나면 별것 아니지만, 중대사와 관련하여 발생하면 국가의 생명을 위협할 수 있는 가장 심각한 질병일세.

젊은 소크라테스 중대사라니, 그게 어떤 거죠?

e **방문객** 인생살이 전반 말일세. 남달리 절도 있는 사람들은 언제나 조용한 삶을 살 준비가 되어 있네. 조용히 자기 일에 전념하면서 말일세. 이것이 그들이 동료 시민들을 대하는 태도일세. 그들은 또한 외국과도 똑같이 우호관계를 유지할 마음의 준비가 되어 있네. 그리고 그들의 영향력이 클 때는 시의적절하지 못할 때도 있는 이러한 평화추구 정책 때문에, 저도 모르게 그들 자신도 젊은 세대도 교전능력을 상실하게 만들다가 결국에는 영원히 침략자들의 처분에 맡겨진다네. 그래서 몇 년 안에 그들 자신과 그들의 자녀들
308a 과 나라 전체가 때로는 그런 줄도 모르고 자유민의 신분에서 노예 신분으로 전락하고 만다네.

젊은 소크라테스 잔인하고 무서운 일이군요.

방문객 용기 쪽으로 더 기우는 사람들은 어떤가? 그들은 호전적인 삶을 지나치게 좋아하여 자신들의 나라가 쉴 새 없이 전쟁을 하도록 부추기지 않을까? 그 결과 수많은 강대국을 적대시하다가 그들의 나라는 결국 완전히 망하든지, 아니면 노예로 전락하여 적국의 속국이 되지 않을까?

b **젊은 소크라테스** 그도 그렇군요.

방문객 그렇다면 이 두 부류가 그런 중대사에 언제나 서로 심하게 적대시하고 반목한다는 것을 부인할 수 없겠지?

젊은 소크라테스 부인할 수 없고말고요.

방문객 그렇다면 우리가 이 논의의 첫머리에서 제기한 문제의 해답을 찾은 게 아닌가? 미덕의 주요한 두 부분은 스스로도 반목하

고, 그런 부분이 더 우세한 사람들도 반목하게 만든다는 것을 발견했으니 말일세.

젊은 소크라테스 그런 것 같아요.

방문객 그렇다면 이번에는 다른 문제를 고찰해보세.

젊은 소크라테스 어떤 문제인가요?

방문객 재료들을 결합하는 기술들 가운데 어떤 것은 제품을 생산 c
할 때는 가장 하찮은 제품이라도 일부러 좋은 재료와 나쁜 재료를 결합하여 만들까? 오히려 모든 기술은 나쁜 재료는 되도록 배제하고 좋고 적합한 재료만 취해, 서로 유사하든 유사하지 않든 그것들을 모두 한데 모아서 하나의 기능을 가진 하나의 품종을 만들지 않을까?

젊은 소크라테스 물론이지요.

방문객 그렇다면 통치술도 이와 마찬가지여서 진정한 통치자는 일 d
부러 좋은 사람들과 나쁜 사람들을 결합하여 국가를 구성하지 않을 걸세. 분명 그는 먼저 놀이를 통해 사람들을 시험할 것이고,[89] 그런 연후에 젊은이들을 제 소임을 다할 수 있는 유능한 교육자에게 맡기고 자신은 교육자들을 계속 지도하고 감독할 걸세. 그것은 직조술이 하는 일과도 같네. 직조공도 소모공과 그 밖에 직조를 위해 자재를 준비하는 사람들을 지도하고 감독하며, 자기가 천을

89 이에 관해서는 플라톤의 다른 대화편 『법률』 793e 이하 참조.

e 짜는 데 필요하다고 생각되는 보조 임무를 수행하도록 각자에게 지시하니 말일세.

젊은 소크라테스 그렇고말고요.

방문객 왕도적인 통치술도 법에 따라 아이들을 교육하고 양육하는 사람들을 그와 같이 대하면서 감독 기능은 스스로 견지한다네. 왕도적 통치술이 허용하는 유일한 훈련은 교육자들이 왕도적 통치술이 하는 일에 적합한 성격들을 배출하는 그런 종류의 훈련일세. 왕도적 통치술은 젊은이들이 다른 활동이 아니라 그런 활동에만 전념하도록 격려하라고 교육자들에게 지시한단 말일세. 그
309a 래서 용기나 절제나 다른 미덕에 참여할 능력이 없고 사악한 본성에 이끌려 불경과 오만과 불의에 휩쓸리는 학생들은 왕도적 통치자가 처형하거나 추방하거나 시민권을 박탈함으로써 제거하는 것이라네.

젊은 소크라테스 아닌 게 아니라 그런 것 같아요.

방문객 또한 그는 무지와 비굴 속에서 뒹구는 자들을 노예 신분으로 강등한다네.

젊은 소크라테스 그야 당연하지요.

b **방문객** 그리고 그는 나머지 사람들, 말하자면 교육을 받으면 고상해질 수 있고 기술이 요구하는 대로 하나로 결합될 수 있는 사람들을 모두 받아들여, 그중 용기 쪽으로 더 기우는 자들은 그들의 성격이 강인한 점을 고려하여 천을 짤 때 날실로 삼고, 절제 쪽으로 기우는 자들은 계속해서 비유로 설명하자면 두툼하고 부드럽

게 자아졌으니 씨실로 삼아, 이 두 가지 상반된 성격을 다음과 같은 방법으로 결합하여 천을 짜려 할 걸세.

젊은 소크라테스 그게 어떤 방법이지요?

방문객 왕도적 통치술은 먼저 그들 혼의 영원한 부분을 신적인 끈으로 묶는데, 그 부분은 신적인 것을 닮았기 때문이지. 신적인 끈 다음으로 왕도적 통치술은 그들의 동물적인 부분을 이번에는 인간적인 끈으로 묶는다네. c

젊은 소크라테스 그건 또 무슨 말씀인가요?

방문객 아름다운 것, 올바른 것, 훌륭한 것, 그리고 이와 상반된 것들에 대해 확신이 동반된 참의견[90]이 혼 안에 생겨나면, 나는 그것이 신적인 존재 안에서 생겨나므로 신적이라고 부른다네.

젊은 소크라테스 그럴듯하게 들리네요.

방문객 그렇다면 우리는 훌륭한 입법자인 진정한 정치가만이 왕도적 통치술의 영감을 받아 그런 의견이 조금 전에 우리가 말한 제대로 교육받은 사람들 안에서만 생겨나게 할 수 있다는 것을 인정하는 것인가? d

젊은 소크라테스 인정할 수밖에 없을 것 같네요.

방문객 그렇다면 젊은 소크라테스, 그럴 능력이 없는 사람들에게는 우리가 찾고 있는 명칭을 붙이지 않기로 하세.

90 alethe doxa.

젊은 소크라테스 당연히 그래야지요.

방문객 어떤가? 용감한 혼이 그런 진리[91]를 터득하면 유순해져서
e 누구보다도 더 정의에 참여하고 싶어 하지 않을까? 그러나 그런 진리를 터득하지 못하면 더 야만 쪽으로 기울지 않을까?

젊은 소크라테스 왜 아니겠어요?

방문객 절제 있는 성격은 어떤가? 그가 그런 의견들에 참여하게 되면 정말로 절제 있고 지혜로운 사람이, 아무튼 자기가 맡은 나랏일을 처리할 수 있을 만큼은 지혜로운 사람이 되지 않을까? 하지만 그런 의견들에 참여하기를 거부한다면 그는 멍청이라고 비난받아 마땅하지 않을까?

젊은 소크라테스 물론이지요.

방문객 그렇다면 우리는 나쁜 사람들끼리 또는 좋은 사람들과 나쁜 사람들을 한데 엮고 묶어도 그것이 영속할 것이라고 말할 수 없겠지? 그러니 어떤 지식도 그런 사람들을 결합하려고 진지하게 노력하지 않겠지?

젊은 소크라테스 어떻게 그럴 수 있겠어요?

310a **방문객** 그러나 고상하게 태어나서 고상하게 양육된 사람들 사이에서는, 아니 그런 사람들 사이에서만 그런 결합이 법의 인도를 받으며 실현될 수 있네. 그런 결합은 기술이 그들을 위해 처방한 약일세. 가장 신적인 결합만이 본성이 서로 다르며, 그렇지 않다면 서로 대립할 미덕의 요소들을 하나로 결합할 수 있다네.

젊은 소크라테스 지당하신 말씀이에요.

방문객 그리고 이러한 신적인 끈이 존재하는 곳에서는 나머지 끈들, 곧 인간적인 끈들은 생각해내기 어렵지 않으며, 일단 생각해내면 만들기도 어렵지 않네.

젊은 소크라테스 어떤 끈들을 어떻게 만든다는 거죠? b

방문객 두 부류 사이의 혼인과 다른 부류의 아이들을 입양하고 다른 부류에 딸을 출가시키는 것에 관련된 끈들 말일세. 사람들은 대체로 자녀 출산을 위해서는 무엇이 최선인지 고려하지 않고 혼인을 하니 말일세.

젊은 소크라테스 왜 그렇게 해야 하나요?

방문객 사람들은 혼인을 통해 부와 권력을 추구하는데, 내가 보기에 그런 관행을 비난할 필요는 없는 것 같네. 그런 문제는 진지하게 논의할 가치가 없으니까.

젊은 소크라테스 없고말고요.

방문객 그러나 가족을 주된 관심사로 삼는 사람들에게는 우리는 c 당연히 주의를 기울여야 하며, 그들의 태도가 옳지 못할 때는 지적해야 할 걸세.

젊은 소크라테스 그래야 할 것 같아요.

방문객 그들의 행동 원칙은 옳지 못하네. 그들은 순간의 편안함을 추구하여, 자신들과 닮은 사람들은 반기고 닮지 않은 사람들은

91 aletheia.

미워하니 말일세. 그래서 그들은 자신의 불쾌감을 지나치게 중요시한다네.

젊은 소크라테스 어째서 그렇지요?

방문객 절제 있는 사람들은 자신들과 닮은 사람들을 찾네. 그들
d 은 되도록 같은 부류의 여인을 아내로 고르고 딸도 같은 부류의 가정으로 출가시키지. 용감한 사람들도 똑같은 짓을 하네. 그들도 같은 부류의 사람들을 찾으니까. 하지만 사실은 두 부류 모두 그와 정반대로 해야 하네.

젊은 소크라테스 어떻게요? 그리고 왜요?

방문객 용기가 여러 세대에 걸쳐 절제와 섞이지 않으면 처음에는 힘이 넘치지만 결국에는 광기로 돌변하기 때문이지.

젊은 소크라테스 그런 것 같아요.

e **방문객** 그런가 하면 겸손함으로 가득 차 있는 혼이 과감성이나 용기와 섞이지 않고 여러 세대에 걸쳐 그대로 전수되면 나태해지다가 결국에는 완전히 불구가 되기 쉽네.

젊은 소크라테스 그도 그런 것 같아요.

방문객 거듭 말하거니와, 두 부류가 아름다운 것과 훌륭한 것에 의견을 같이하기만 한다면 이런 끈들은 만들기 어렵지 않네. 왕도적 직조공이 해야 할 일은 절제 있는 성격들과 용감한 성격들이 따로 놀지 못하게 하는 것이며, 그것이 그의 업무의 전부일세. 왕도적 직조공은 이 두 부류가 의견을 공유하고 같은 자질들을 존중하거나 경멸하고 서로 사돈이 되게 함으로써 이 두 부류로 천을

짜야 한다는 말일세. 그는 이 두 부류로 부드럽고 사람들 말마따 311a
나 '촘촘하게' 천을 짜되, 나라의 관직들을 언제나 두 부류가 같이 맡게 하고 어느 한 부류가 독점하게 해서는 안 되네.

젊은 소크라테스 어떻게 해야 그렇게 할 수 있나요?

방문객 관리가 한 명 필요할 때는 이 두 자질을 겸비한 사람을 뽑아야 하네. 그러나 관리가 여러 명 필요할 때는 두 부류의 사람들을 섞어야 하네. 절제 있는 관리들은 성격이 매우 조심스럽고 올바르고 보수적이지만 추진력이 부족하기 때문이지.

젊은 소크라테스 그 또한 그런 것 같아요.

방문객 한편 용감한 사람들은 절제 있는 사람들보다 덜 올바르고 b
덜 조심스럽지만 추진력이 남달리 강하네. 이 두 부류가 상부상조하지 않으면 시민들의 사적인 영역에서도 공공 업무에서도 국가가 제구실을 하기란 불가능하네.

젊은 소크라테스 왜 아니겠어요?

방문객 그렇다면 왕도적 직조공의 작업은 용감한 성격들과 절제 있는 성격들로 하나의 천으로 짰을 때 완성된다고 할 수 있을 걸세. 그의 작업이 완성되는 것은 지식을 가진 왕이 두 부류를 화합
과 우애로써 하나의 공동체로 묶은 뒤 세상에 존재할 수 있는 가 c
장 훌륭하고 가장 좋은 천으로 노예든 자유민이든 국가의 모든 구성원을 감쌀 때이며, 국가가 행복해질 수 있는 잠재력이 극대화되도록 그가 국가를 통치하고 감독할 때란 말일세.

젊은 소크라테스 〈지당하신 말씀이에요.〉

노(老)소크라테스 손님, 그대는 우리를 위해 진정한 왕과 정치가의 초상을 더없이 훌륭하게 완성했소이다.

S o p h i s t e s

소피스트

차 례

249d~251a	관념론자가 말하는 ‘존재하는 것’이란 무엇을 의미하는가
251a~252e	어떤 형상들은 서로 결합하고 어떤 형상들은 결합하지 않는다
252e~253c	철학적 담론의 특징
253c~254b	변증술에 대한 설명. 형상들의 세계의 구조
254b~d	가장 중요한 형상 세 가지를 예를 들어 설명하다: 존재, 운동, 정지
254d~255e	또 다른 두 형상: 같음과 다름
255e~257a	다섯 가지 형상을 포함하는 참말을 검토해보면 ‘존재하는 것’이 어떤 의미에서는 존재하지 않는다고 주장하는 참말도 얼마든지 있다는 것을 알 수 있다
257b~258c	‘존재하지 않는 것’이 어떤 의미에서는 존재한다고 주장하는 참말도 얼마든지 있다
258c~259d	‘존재하는 것’은 어떤 의미에서도 존재하지 않을 수 없으며, ‘존재하지 않는 것은 어떤 의미에서도 존재할 수 없다는 파르메니데스의 주장은 이로써 반박되었다
259d~262e	모든 말은 이질적인 요소들인 명사와 동사의 결합이다
262e	모든 말은 어떤 것에 관한 것이고, 참말이거나 거짓말이다
262e~263b	참말의 정의
263b~d	거짓말의 정의
263d~264b	생각은 입 밖에 내지 않은 말이다. 그러니 잘못 생각하는 것과 사실은 그렇지 않으면서 그렇게 보이는 것은 얼마든지 가능하다
264b~268d	분리 VII. 결론적으로 소피스트는 일종의 모상 제작자다

작품 소개

플라톤은 대화편 『테아이테토스』(*Theaitetos*)에 이어 이 대화편에서도 엘레아학파가 제기한 문제들과 또다시 씨름한다. 주 대담자는 이름이 알려지지 않은 엘레아학파 철학자와 소년 철학도 테아이테토스이고, 소크라테스와 테오도로스는 사실상 듣기만 한다.

이 대화편은 소피스트를 정의(定義)하는 일로 시작한다. 그 끝에 소피스트가 말하는 것은 '거짓'인가, '거짓' 또는 '존재하지 않는 것'이 존재할 수 있는가 하는 문제가 제기되는데, 엘레아학파는 '존재하지 않는 것' 또는 '거짓'은 존재할 수 없다고 믿기 때문이다. 이 대화편은 만물은 '다름'이라는 형상에 관여할 수 있으며, '존재하지 않는 것'은 사실 '존재하는 것'의 반대가 아니라 '존재하는 것'과 다른 것이라는 논리로 이 문제를 해결한다. 그리하여 플라톤은 거짓말과 거짓 생각이 얼마든지 존재할 수 있음을 증명한다.

대담자

테오도로스(Theodoros 기원전 460년경 출생) 북아프리카 퀴레네(Kyrene) 출신 수학자. 소피스트 프로타고라스(Protagoras)의 제자. 플라톤의 다른 대화편 『테아이테토스』에서는 젊은 소크라테스와 테아이테토스의 스승으로 소개되고 있다.

소크라테스(Sokrates 기원전 469~399년) 플라톤의 스승. 여기서는 70세쯤 된 노(老)철학자.

방문객(Xenos Eleates) 『정치가』에 나오는 '엘레아(Elea 라/Velia)에서 온 방문객'과 동일인으로 가상의 인물이다. 엘레아는 철학자 파르메니데스(Parmenides)와 제논(Zenon)의 고향이다.

테아이테토스(Theaitetos 기원전 414~369년) 아테나이 출신 수학자이자 철학자로 테오도로스의 제자이며, 아카데메이아 학원 회원. 이 대화편에서 그는 방문객의 대담자 노릇을 하지만, 이 대화편과 짝을 이루는 『정치가』에서는 대담에 참가하지 않고 듣기만 한다.

젊은 소크라테스(Sokrates ho neoteros) 철학자 소크라테스와 동명이인으로 아카데메이아 학원 회원. 대화편 『정치가』에서는 방문객의 대담자 노릇을 하지만, 이 대화편에서는 대담에 참가하지 않고 듣기만 한다.

216a **테오도로스** 소크라테스님, 우리는 어제의 약속을 지키려고 우리 자신도 왔을뿐더러 손님도 한 분 모시고 왔어요. 이분은 파르메니데스와 제논[1]의 제자로 진정한 철학자라오.

소크라테스 테오도로스님, 그대는 호메로스의 말[2]처럼 손님이 아니라 어떤 신을 모셔와놓고도 그런 줄도 모르신단 말이오? 호메
b 로스에 따르면 신들, 특히 손님을 보호하는 신들은 조금이라도 수치심과 정의를 아는 인간들이라면 그들과 동행하며 인간들의 오만과 준법 행위를 지켜본다지 않소. 그대와 동행하신 손님도 우리보다 더 우월한 분으로 여기 오셨을지 모르지요. 일종의 논박의 신으로서 우리를 지켜보다가 우리가 철학적 담론에 얼마나 허약한

지를 보여주시려고 말이오.

테오도로스 소크라테스님, 여기 이 손님은 그런 분이 아니라오. 이 분은 논쟁에 열을 올리는 사람들보다 더 온건해요. 내가 보기에 이분은 신은 아닌 것 같아요. 이분이 신적인 것은 사실이지만. 나 c
는 철학자는 누구나 신적이라고 부르니까요.

소크라테스 친구여, 거참 좋은 말이오. 하지만 그런 사람을 식별하기란 신을 식별하기보다 더 쉽지 않을 것 같은데요. 그런 사람들, 즉 사이비 철학자가 아닌 진정한 철학자들은 다른 사람들이 무지한 탓에 각양각색의 모습을 하고 "도시들을 떠돌아다니며" 높은 데서 발밑의 삶을 내려다보는데, 그들이 어떤 사람들에게는 아무런 가치도 없어 보이고 어떤 사람들에게는 더없이 가치가 있어 보이고, 때로는 정치가의 모습을 하고 때로는 소피스트의 모습을 하 d
는가 하면 때로는 완전한 미치광이라는 인상을 주니까요. 하지만 우리 손님이 허락하신다면 나는 기꺼이 묻고 싶소. 그곳 사람들은 217a
이런 것들을 어떻게 생각하며, 어떤 이름으로 부르는지 말이오.

테오도로스 정확히 어떤 것들 말인가요?

소크라테스 소피스트, 정치가, 철학자 말이오.

1 파르메니데스(Parmenides 기원전 515년경~450년 이후)는 기원전 6세기 말에 이른바 '엘레아학파'를 창시한 철학자로 '존재하는 것'은 단일하고 나눌 수 없으며 불변한다고 주장했다. 그의 이러한 일원론(一元論)은 그의 제자 제논(Zenon 기원전 490년경~445년 이후)에 의해 계승되었다.

2 호메로스, 『오뒷세이아』(*Odysseia*) 9권 269~271행, 17권 485~486행 참조.

테오도로스 그대는 정확히 무얼 묻는 거요? 그리고 그대는 그들 때문에 어떤 어려움을 겪고 있지요?

소크라테스 이런 어려움을 겪고 있다오. 그곳 사람들은 이들을 모두 한 종류 아니면 두 종류라고 생각하는지, 아니면 이름이 셋이듯 이들을 세 종류로 구분하여 각자에게 따로 이름을 붙이느냐는 것이지요.

테오도로스 이분은 아마 그런 문제라면 기꺼이 설명해주실 거요. 그렇지 않나요, 손님?

b **방문객** 그렇고 말고요, 테오도로스님. 답변은 어렵지 않아요. 그곳 사람들은 그들이 세 종류라고 생각해요. 하지만 그들 각각을 명확히 정의하는 것은 작은 일도 아니고 쉬운 일도 아니지요.

테오도로스 소크라테스님, 그대는 우리가 이곳에 도착하기 전에 이분에게 물었던 것과 대동소이한 질문을 마침 하시는군요. 그런데 이분은 그때 자기는 이 문제에 관해 충분히 들어 알고 있고 자기가 배운 것을 잊지 않았다고 주장하면서도 우리에게 방금 그대에게 한 것과 같은 변명을 하시더군요.

c **소크라테스** 그렇다면 손님, 우리의 첫 번째 청을 거절하지 말고 다음에 대해 말해주시오. 그대는 어느 쪽을 선호하시오? 그대가 설명하려는 것에 관해 혼자서 긴 연설을 하는 쪽인가요, 아니면 질문을 주고받는 쪽인가요? 파르메니데스는 나는 젊고 자기는 노인이었을 때 바로 이 방법을 이용하여 내 면전에서 더없이 훌륭한 논의를 전개한 적이 있었지요.

방문객 소크라테스님, 대담자가 애를 먹이지 않고 말귀를 알아듣는다면 대화하는 쪽이 더 쉽겠지요. 하지만 그렇지 않을 때는 혼자서 말하는 쪽이 더 쉽고요. d

소크라테스 그렇다면 그대는 여기 있는 사람들 중 아무나 마음에 드는 사람을 고르시오. 그게 누구건 그대를 고분고분 따를 테니까요. 하지만 그대가 내 조언을 받아들이겠다면 젊은이들 중 한 명을 고르시겠지요. 여기 있는 테아이테토스나 그 밖에 그대의 마음에 드는 다른 젊은이로 말이오.

방문객 소크라테스님, 내가 이렇게 여러분과 처음 만난 자리에서
짧은 말로 서로 의견을 나누는 대신 혼자서 긴 연설을 하거나 마 e
치 달변을 과시하려는 듯 남 앞에서 긴 연설을 늘어놓자니 왠지 좀 쑥스럽네요. 사실 그대가 방금 제기한 문제는 생각처럼 그리 간단한 것이 아니라 아주 긴 논의가 필요해요. 그런가 하면 그대가 간곡히 부탁하는데도 내가 여러분의 청을 거절한다는 것도 손님
으로서는 예의에 어긋나는 무례한 태도겠지요. 나는 테아이테토 218a
스가 대담자라면 대환영이오. 그와는 전에 대담한 적이 있는 데다 그대가 추천해주시기까지 하니 말이오.

테아이테토스 손님, 그렇게 하시지요. 그러면 그대는 소크라테스님의 말씀처럼 우리 모두의 청을 들어주시는 셈이 되겠네요.

방문객 테아이테토스, 그렇다면 이 점에 대해서는 더 말할 필요가 없을 듯하네. 지금부터 나는 자네와 토론해야 할 것 같으니까. 그렇지만 긴 토론이 괴롭고 부담스럽더라도 자네는 나를 탓하지 말

고 여기 있는 자네 친구들을 탓하게.

b **테아이테토스** 지금 같아서는 나는 토론에 지치지 않을 거라고 생각하지만, 만약 그런 일이 일어난다면 우리는 여기 있는 젊은 소크라테스에게 도움을 청할래요. 그는 소크라테스님과 이름이 같지만 나와 동년배이고 체력단련도 같이 하는데, 나와 함께 힘든 일을 많이 해내곤 했으니까요.

방문객 좋은 말일세. 그것은 우리의 대화가 진행됨에 따라 자네가 생각해야 할 문제일세. 하지만 지금 우리 관심사는 우리 둘이서 공동으로 탐구하는 것일세. 그러자면 우리가 먼저 소피스트에서부터 탐구를 시작해 그가 대체 무엇인지 말로 분명하게 밝히는 것
c 이 좋을 듯하네. 지금으로서는 자네와 내가 '소피스트'라는 이름만 공유할 뿐, 그 이름의 실체를 우리는 저마다 다르게 이해하고 있을지도 모르니까. 하지만 토론 없이 이름에만 합의하는 것보다는 토론을 거쳐 사실 자체에 합의하는 것이 언제나 더 바람직하다네. 그런데 우리가 지금 찾으려 하는 소피스트라는 족속으로 말하자면 그 본성이 무엇인지 이해하기가 결코 쉬운 족속이 아닐세. 또한 큰일을 훌륭하게 처리하자면 큰일 자체를 시도하기 전에 먼저 작
d 고 더 쉬운 일로 연습해봐야 한다는 것이 예부터 전해오는 중론일세. 테아이테토스, 그래서 나는 지금 우리 두 사람이 다음과 같이 했으면 좋겠네. 소피스트라는 사냥감은 잡기가 어렵다고 생각되니, 먼저 잡기가 더 쉬운 사냥감으로 그를 추적하는 방법을 연습해보자는 말일세. 자네가 더 쉬운 다른 방법을 제시할 수 없다면.

테아이테토스 나는 다른 방법을 제시할 수가 없어요.

방문객 그렇다면 자네는 우리가 사소한 것에 초점을 맞추되 그것을 더 중요한 일을 위한 본보기[3]로 사용하기를 원하는가?

테아이테토스 네. e

방문객 그렇다면 무엇을 택할까? 알기 쉽고 사소하지만 큰 것 못지않게 정의(定義)가 가능한 것으로 말일세. 이를테면 낚시꾼[4]은 어떤가? 낚시꾼은 누구나 다 알지만 진지한 연구 대상은 아니지 않은가?

테아이테토스 그렇지요.

방문객 하지만 나는 낚시꾼이 우리 목적에 부합하는 탐구 방법과 219a
논리를 제공할 수 있으리라 기대한다네.

테아이테토스 그럴 수만 있다면 좀 좋아요.

방문객 자, 그렇다면 우리는 낚시꾼에서 출발하세. 자네는 다음 질문에 대답해주게. 우리는 낚시꾼을 기술자로 볼 것인가, 아니면 기술은 없지만 다른 재능이 있는 사람으로 볼 것인가?

테아이테토스 낚시꾼은 절대로 기술 없는 사람이 아니에요.

방문객 그런데 모든 기술은 대체로 말해 두 종류로 나뉘네.

테아이테토스 어째서 그렇지요?

방문객 농사가 있는가 하면 죽게 마련인 모든 몸에 대한 돌봄이 있

3 paradeigma.

4 aspalieutes.

b 네. 또한 조립되거나 제작된 것들(이런 것들을 우리는 용품이라 부른다네)이 있는가 하면 모방술[5]이 있네. 한데 이것들은 모두 하나의 이름으로 부르는 것이 가장 타당할 걸세.

테아이테토스 어째서죠? 그리고 그 이름이란 게 뭐죠?

방문객 자네가 전에 존재하지 않던 것을 존재하게 하면, 우리는 자네를 제작자라고 부르고 자네가 존재하게 한 것은 제작되었다고 말하네.

테아이테토스 그렇죠.

방문객 그리고 우리가 방금 열거한 모든 기술의 특징은 제작할 능력[6]이 있다는 걸세.

테아이테토스 그럴 능력이 있고말고요.

방문객 그렇다면 우리는 그런 기술들은 통틀어 제작술[7]이라고 부르기로 하세.

c **테아이테토스** 좋아요.

방문객 그다음에는 배움, 인지, 돈벌이, 싸움, 사냥의 영역 전체가 있네. 이 가운데 어느 것도 무엇을 제작하지 않고, 어떤 것들은 이미 존재하거나 제작된 것을 말과 행동으로 점유하고, 다른 것들은 경쟁자가 그런 것들을 점유하지 못하게 방해한다네. 그러니 이 영역의 모든 부분을 통틀어 획득술(獲得術)[8]이라고 부르는 것이 가장 적절할 걸세.

테아이테토스 적절하고말고요.

d **방문객** 모든 기술이 획득술이거나 제작술이라면, 테아이테토스,

낚시 기술은 어느 부류에 포함시킬까?

테아이테토스 그야 물론 획득술에 포함시켜야죠.

방문객 그런데 획득술에는 두 부류가 있지 않은가? 한 부류는 선물, 품삯, 구매를 통해 상호 간에 자발적으로 이루어지는 교환이고, 다른 한 부류는 행동이나 말로써 점유하는 것으로 이 모두를 점유라 할 수 있을 걸세.

테아이테토스 그대 말씀을 듣고 보니 그런 것 같네요.

방문객 어떤가? 점유술[9]을 둘로 나누어야 하지 않을까?

테아이테토스 어떻게요?

방문객 점유 가운데 공개적인 것은 모두 경쟁으로, 은밀한 것은 모 e
두 사냥이라 불러도 될 걸세.

테아이테토스 네.

방문객 그렇다면 사냥술[10]을 두 부류로 나누지 않는 것은 불합리할 걸세.

테아이테토스 말씀해보세요. 어떻게 나누신다는 거죠?

방문객 생명 없는 것들에 대한 사냥과 생명 있는 것들에 대한 사

5 mimetike.

6 dynamis.

7 poietike.

8 ktetike.

9 cheirotike.

10 thereutike.

냥으로 나누는 거지.

테아이테토스 당연하지요. 두 가지가 다 있다면.

220a **방문객** 물론 두 가지가 다 있지. 그런데 생명 없는 것들에 대한 사냥은 몇 가지 잠수 기술과 그런 종류의 하찮은 기술들을 제외하고는 명칭이 없으니 제쳐두기로 하세. 하지만 생명 있는 것들에 대한 사냥은 동물 사냥이라고 불러야 할 걸세.

테아이테토스 그러시죠.

방문객 그리고 동물 사냥에는 두 가지가 있다고 말하는 게 옳지 않을까? 하나는 여러 종과 여러 이름으로 나뉘는 발 달린 것들에 대한 사냥, 곧 육서동물 사냥이고, 다른 하나는 헤엄치는 동물들에 대한 사냥으로 수생동물 사냥이라고 통칭할 수 있을 걸세.

테아이테토스 물론이지요.

b **방문객** 그런데 우리도 보다시피, 헤엄치는 동물들은 날개 달린 것들과 물속에 사는 것들로 나뉘지 않는가?

테아이테토스 왜 아니겠어요?

방문객 그리고 우리는 날개 달린 것들에 대한 사냥을 통틀어 새 사냥이라고 부르네.

테아이테토스 네, 그렇게 부르지요.

방문객 물속에 사는 것들에 대한 사냥은 통틀어 고기잡이라고 불리네.

테아이테토스 네.

방문객 어떤가? 이런 종류의 사냥도 우리는 두 개의 큰 부분으로 나눌 수 있지 않을까?

테아이테토스 어떤 부분들로 나눈다는 거죠?

방문객 에워쌈으로 사냥하는 것과 후려침으로 사냥하는 것으로 말일세.

테아이테토스 무슨 말씀이신지요? 그것들을 어떻게 나눈다는 거지요?

방문객 우선 뭔가를 에워싸서 달아나지 못하게 막는 것은 무엇이든 '에워쌈'이라 불러도 될 걸세. c

테아이테토스 물론이지요.

방문객 그렇다면 통발, 그물, 올가미, 어살 따위를 '에워쌈' 말고 다른 이름으로 부를 수 있을까?

테아이테토스 아니요.

방문객 그렇다면 우리는 사냥의 이 부분을 '에워싸는 사냥' 또는 그 비슷한 이름으로 부를 걸세.

테아이테토스 네.

방문객 갈고리나 작살로 후려치는 사냥은 그와는 다른 것으로, d 우리는 지금 그것을 한마디로 '후려치기 사냥'이라고 불러야 할 걸세. 아니면 테아이테토스, 자네가 더 좋은 이름을 제안하겠나?

테아이테토스 이름에는 신경 쓰지 마세요. 그 이름이면 충분하니까요.

방문객 후려치는 사냥에는 밤에 불빛 아래에서 하는 사냥이 있는데, 그래서 그런 사냥을 하는 사람들은 그것을 '횃불 사냥'이라고 부른다네.

테아이테토스 물론이지요.

방문객 하지만 낮에 하는 사냥은 통틀어 '갈고리 사냥'이라고 부르는데, 작살에도 끝에 갈고리가 나 있기 때문이지.

e **테아이테토스** 아닌 게 아니라 그렇게들 부르더군요.

방문객 갈고리 사냥 가운데 위에서 아래로 후려치는 사냥은 '작살 사냥'이라고 하는데, 작살은 위에서 아래로 후려치기 때문인 듯하네.

테아이테토스 아무튼 그렇게 부르는 사람이 더러 있더군요.

방문객 이제 남은 것은 한 종류뿐인 듯하네.

테아이테토스 그게 어떤 종류지요?

방문객 앞서 말한 것과 정반대되는 후려치기 사냥일세. 그것은 갈
221a 고리를 사용하되 물고기의 아무 부위가 아니라 언제나 사냥감의 머리와 입을 후려쳐 막대기나 갈대 줄기와 함께 밑에서 위로 낚아챈다네. 테아이테토스, 우리는 그런 방법을 어떤 이름으로 불러야 하지?

테아이테토스 방금 우리가 찾기로 한 것을 이제야 드디어 찾아낸 것 같군요.

방문객 그렇다면 자네와 나는 낚시꾼의 기술과 관련하여 명칭에만
b 합의한 것이 아니라, 그 실체도 충분히 정의한 걸세. 전체 기술 가운데 반(半)은 획득술이고, 획득술의 반은 점유술이고, 점유술의 반은 사냥술이고, 사냥술의 반은 동물 사냥이고, 동물 사냥의 반

은 수생동물 사냥이고, 수생동물 사냥의 반은 물속에서 이루어지는데 이를 통틀어 고기잡이라고 하며, 고기잡이의 반은 후려치기 사냥이고, 후려치기 사냥의 반은 갈고리 사냥일세. 그리고 갈고리 c 사냥 가운데 후려쳐서 밑에서 위로 낚아채는 부분은 그러한 행위에서 그 명칭이 유래했는데, 그것이 바로 우리가 찾던 낚시 기술이니 말일세.

테아이테토스 이제 그 점은 명백하게 밝혀졌군요.

방문객 자, 우리는 이를 본보기 삼아 소피스트가 무엇인지도 알아내보세.

테아이테토스 당연히 그래야겠지요.

방문객 그런데 우리의 첫 번째 질문은 낚시꾼을 비전문가로 볼 것인가, 아니면 전문가로 볼 것인가 하는 것이었네.

테아이테토스 네.

방문객 테아이테토스, 그렇다면 우리는 소피스트를 비전문가[11]로 d 볼 것인가, 아니면 정말로 '지혜로운 사람'[12]으로 볼 것인가?

테아이테토스 결코 비전문가는 아니지요. 소피스트라고 불리는 사람은 반드시 지혜로워야 한다는 것이 그대의 말뜻이라고 나는 이

11 idiotes.

12 소피스트의 그리스어 sophistes는 형용사 sophos('지혜로운')에서 파생한 명사로, 직역하면 '지혜로운 사람'이라는 뜻이다. 이 말은 기원전 5세기에 보수를 받고 지식을 가르쳐주는 순회 교사들을 의미했다. 그들이 가르치는 과목은 수학, 문법, 지리 등 다양했지만 사회적 출세를 위해 젊은이들에게 주로 수사학을 가르쳤다. 그들은 진리의 상대성을 주장한 까닭에 '궤변학파'(詭辯學派)라고도 불린다.

해하니까요.

방문객 그렇다면 우리는 그를 모종의 전문가로 봐야 할 것 같구먼.

테아이테토스 어떤 기술의 전문가인가요?

방문객 그렇다면 이 사람과 저 사람이 친족 간이라는 것을 우리가 정말로 몰랐단 말인가?

테아이테토스 누구와 누가 친족 간이라는 거죠?

방문객 낚시꾼과 소피스트가 친족 간이라는 거지.

테아이테토스 어떤 점에서요?

방문객 내게는 둘 다 사냥꾼으로 보이니까.

e **테아이테토스** 소피스트는 어떤 사냥을 하나요? 낚시꾼에 관해서는 이미 설명했으니까요.

방문객 방금 우리는 사냥 전체를 헤엄치는 것들에 대한 사냥과 발 달린 것들에 대한 사냥으로 양분했네.

테아이테토스 네.

방문객 그런데 물속에서 살며 헤엄치는 것들은 자세히 설명했지만, 발 달린 것들은 여러 종이 있다는 말만 하고 구분하지 않고 내버려두었네.

222a **테아이테토스** 맞아요.

방문객 소피스트와 낚시꾼은 획득술에서 출발해 여기까지는 같은 길을 걷고 있네.

테아이테토스 확실히 그런 것 같아요.

방문객 그러나 그들은 동물 사냥에 이르러서는 갈라지기 시작하네. 한쪽은 바다와 강과 호수로 가서 그곳에 사는 동물들을 사냥할 걸세.

테아이테토스 물론이지요.

방문객 그러나 다른 쪽은 육지와, 다른 종류의 강들, 그러니까 부유한 젊은이들이 넘쳐나는 초원으로 가서 거기에서 자란 것들을 점유할 걸세.

테아이테토스 무슨 말씀이신지요? b

방문객 발 달린 것들에 대한 사냥은 크게 두 가지로 나눌 수 있네.

테아이테토스 그 각각은 무엇이죠?

방문객 하나는 길들인 동물들에 대한 사냥이고, 다른 하나는 야생 동물들에 대한 사냥일세.

테아이테토스 길들인 동물들에 대한 사냥이란 것도 있나요?

방문객 있고말고. 만약 인간을 길들인 동물이라 부를 수 있다면 말일세. 자네 마음대로 가정해보게. 길들인 동물은 없다고. 또는 길들인 동물은 있지만 인간은 야생 동물이라고. 또는 인간은 길들인 동물이지만 인간 사냥 같은 것은 없다고. 이 가운데 어느 것이 자네 마음에 드는지 밝혀주게.

테아이테토스 손님, 나는 우리가 길들인 동물들이라고 믿으며, 인 c
간 사냥이 있다는 데 동의해요.

방문객 그렇다면 길들인 것들에 대한 사냥도 두 가지라고 말해야 할 걸세.

테아이테토스 어째서 그렇게 말해야 하나요?

방문객 해적질, 납치, 참주정치, 전쟁 일반을 '강제에 의한 사냥'이라고 정의함으로써 우리는 이런 것들을 모두 한 가지로 분류할 수 있을 걸세.

테아이테토스 좋은 말씀이에요.

방문객 그런가 하면 법정연설과 대중연설과 사교술을 하나의 전체
d 로 묶어 거기에 설득술[13]이라는 하나의 이름을 붙일 수 있겠지.

테아이테토스 그렇고말고요.

방문객 설득술에는 두 가지가 있다고 말함세.

테아이테토스 그게 어떤 것들이지요?

방문객 하나는 사석에서 행하는 것이고, 다른 것은 공석에서 행하는 것일세.

테아이테토스 나는 그 두 가지가 서로 다르다는 것을 인정해요.

방문객 그런데 이런 사적인 사냥 가운데 어떤 것은 보수를 받고, 어떤 것은 선물을 주는 것이 아닐까?

테아이테토스 무슨 말씀인지 모르겠어요.

방문객 자네는 사랑하는 사람들의 사냥에는 아직 주목하지 않는 것 같구먼.

테아이테토스 무엇에 관해서 말인가요?

e **방문객** 그들은 사냥감에게 선물을 아낌없이 준다는 것 말일세.

테아이테토스 지당하신 말씀이에요.

방문객 그럼 이것을 사랑의 기술[14]이라고 부르기로 하세.

테아이테토스 물론이지요.

방문객 나는 보수를 받는 유형 가운데 기분을 맞춰줌으로써 사람들에게 다가가 쾌락만을 미끼로 사용하되 그 대가로 생계비만을 요구하는 부류를 아첨술[15] 또는 쾌락을 파는 장사라 부르는 데 우리 모두 동의하리라 생각하네. 223a

테아이테토스 왜 아니겠어요?

방문객 한편 미덕[16]을 위해 교제한다고 공언하면서 그 대가로 돈을 요구하는 부류는 당연히 다른 이름으로 불러야겠지?

테아이테토스 물론이지요.

방문객 그 이름이 뭐지? 어디 한번 자네가 말해보게.

테아이테토스 그건 쉬운 일이죠. 아마도 우리는 소피스트를 찾아낸 것 같군요. 내 생각에 그런 부류에게는 '소피스트'라는 이름이 제격인 것 같으니까요.

방문객 그렇다면 테아이테토스, 지금의 우리 논의에 따르면 다음 b
과 같은 결론이 나는 것 같구먼. 그런 종류의 기술은 획득에, 그중에서도 점유에, 그중에서도 사냥에, 그중에서도 동물 사냥에, 그중에서도 육서동물 사냥에, 그중에서도 인간 사냥에, 그중에서도 '설득에 의한 사냥'에, 그중에서도 사적인 사냥에, 그중에서도 돈

13 pithanourgike.
14 erotike.
15 kolakike.
16 arete.

벌이에, 그리고 사이비 교육에 속하네. 그러니 부유하고 명망 있는 젊은이들에 대한 사냥은 지금 우리 논리대로라면 당연히 소피스트의 기술[17]이라고 불려야 할 걸세.

테아이테토스 그렇고말고요.

c **방문객** 하지만 우리는 이 문제를 다른 시각에서도 살펴보세. 지금 우리가 찾고 있는 기술은 사소한 것이 아니라 매우 복잡한 것이니까. 우리가 앞서 말한 것을 되돌아보면 그것은 지금 우리가 주장하고 있는 그런 것이 아니라 다른 부류라는 인상을 주기에 하는 말일세.

테아이테토스 어째서 그렇지요?

방문객 획득술에는 사냥과 교환이라는 두 가지 형태가 있었네.

테아이테토스 그랬지요.

방문객 그리고 교환에는 거저 주기와 장사라는 두 가지 형태가 있다고 덧붙이기로 함세.

테아이테토스 그렇게 말한 것으로 해요.

방문객 우리는 이번에는 장사[18]도 둘로 나뉜다고 주장할 걸세.

d **테아이테토스** 어떻게요?

방문객 자기가 만든 것들을 직접 파는 것과 남들이 만든 것들을 교환하는 장사로 구분하자는 거지.

테아이테토스 당연하지요.

방문객 어떤가? 장사의 반 정도는 같은 도시 안에서 하는 것인데, 이것은 소매[19]라고 불리지 않는가?

테아이테토스 네, 맞아요.

방문객 그러나 도시와 도시 사이의 교환을 위해 물건을 사고파는 것은 도매[20]겠지?

테아이테토스 물론이지요.

방문객 자네도 알아차렸겠지만, 도매의 일부는 몸을 부양하고 몸 e
에 필요한 것들을, 다른 일부는 혼을 부양하고 혼에 필요한 것들을 돈을 받고 파는 것이겠지?

테아이테토스 그게 무슨 말씀이신지요?

방문객 모호한 것은 아마 혼에 관한 부분일 테지. 다른 부분은 우리가 아니까.

테아이테토스 네.

방문객 이 도시에서 저 도시로 옮겨지며 여기서 매입되고 저기서 224a
팔리는 모든 종류의 음악과 회화와 볼거리와 그 밖에 혼을 위한 다른 것들을 생각해보세. 그중 어떤 것들은 오락을 위해 옮겨지고 팔리는가 하면, 다른 것들은 진지한 목적을 위해 그런다네. 우리는 먹을거리와 마실 거리를 파는 사람 못지않게 이런 것들을 가져다 파는 사람들에게도 도매상이라는 명칭을 부여할 수 있을 걸세.

17 sophistike.

18 agorastike.

19 kapelike.

20 emporike.

테아이테토스 지당하신 말씀이에요.

b **방문객** 그렇다면 배울 거리를 몽땅 사들인 뒤 도시에서 도시로 돌아다니며 그것을 돈과 교환하는 사람에게도 같은 이름을 붙일 수 있겠지?

테아이테토스 그렇고말고요.

방문객 이 '혼 도매'의 일부는 '보여주기 기술'이라고 부르는 것이 가장 옳지 않을까? 그리고 지식을 파는 그것의 다른 일부는 비슷하지만 그에 못지않게 우스꽝스러운 이름으로 불러야 하지 않을까?

테아이테토스 그렇고말고요.

방문객 그렇다면 이 배울 거리 장사 가운데, 지식 일반과 관계가
c 있는 부분과 미덕과 관계가 있는 부분에는 서로 다른 이름을 붙여야 할 걸세.

테아이테토스 물론이지요.

방문객 전자는 '기술 장사'라고 부르는 것이 적절하겠지. 후자의 이름은 어디 한번 자네가 말해보게나.

테아이테토스 그것은 틀림없이 지금 우리가 찾는 소피스트 기술이에요. 다른 이름은 어떤 것도 맞지 않아요.

방문객 다른 이름은 어떤 것도 맞지 않네. 자, 지금까지 우리가 말한 것을 다음과 같이 요약해보세. 소피스트 기술은 획득술에, 그
d 중에서도 교환에, 그중에서도 장사에, 그중에서도 도매에, 그중에서도 미덕에 관한 대담과 배울 거리를 파는 혼 도매에 속하네. 여기서 소피스트 기술의 본색이 두 번째로 드러났구먼.[21]

테아이테토스 그렇고말고요.

방문객 세 번째도 있다네. 누가 한 도시에 눌러앉아 어떤 것들은 사들이고 어떤 것들은 스스로 고안하며 똑같은 것들을 팔아 생계를 유지하려 한다면, 자네는 그를 방금 사용한 것과 다른 이름으로 부르지 않을 테니까.

테아이테토스 물론이지요.

방문객 그렇다면 보아하니 자네는 언제나 소피스트 기술은 획득 e
술에, 그중에서도 교환에, 그중에서도 남이 만든 것을 팔건 자기가 만든 것을 팔건 장사에 속한다고 말할 것 같구먼. 소피스트 기술은 미덕과 관계있는 지식을 파는 거니까.

테아이테토스 그럴 수밖에요. 우리 논의가 앞뒤가 맞으려면.

방문객 이번에는 우리가 추적하고 있는 부류가 다음 것과 비슷한지 고찰해보세.

테아이테토스 그게 어떤 거죠? 225a

방문객 우리에게 획득술의 한 부분은 경쟁[22]이었네.

테아이테토스 그랬지요.

방문객 그렇다면 그것을 둘로 나누는 것은 잘못하는 게 아니겠구먼.

테아이테토스 말씀해보세요. 어떻게 나눈다는 거죠?

방문객 경쟁은 다툼이거나 싸움이라고 할 수 있을 걸세.

21 소피스트는 처음에는 부유한 젊은이들에 대한 사냥꾼으로 드러났다.

22 agonistike.

테아이테토스 그렇지요.

방문객 그렇다면 몸과 몸이 부딪치는 싸움에는 폭행이라는 이름을 붙이는 것이 적절하고 온당하다고 할 수 있을 걸세.

테아이테토스 그렇지요.

방문객 테아이테토스, 말과 말이 부딪치는 경우에는 '말다툼' 말
b 고 다른 이름을 붙일 수 있을까?

테아이테토스 다른 이름은 붙일 수 없겠지요.

방문객 그런데 말다툼은 두 가지라고 봐야 하네.

테아이테토스 어떤 점에서요?

방문객 옳은가 그른가를 두고 공개석상에서 쌍방 간에 긴말을 주고받으면 그것은 법정 공방[23]일세.

테아이테토스 맞아요.

방문객 그러나 사석에서 짤막짤막하게 질문하고 답변하는 경우 우리는 이를 대개 무엇이라고 부르는가? 토론[24] 말고 다른 이름이 있는가?

테아이테토스 없어요.

c **방문객** 토론의 한 부분은 계약에 관한 말다툼을 포함하지만 체계적으로 또는 전문적으로 행해지지는 않네. 하지만 우리는 그것을 다른 부류로 분류하기에 토론의 한 유형으로 봐야 하네. 그러나 우리 이전에 어느 누구도 그것에 이름을 부여하지 않았고, 지금 우리한테서도 그것은 이름을 부여받을 자격이 없네.

테아이테토스 맞아요. 그렇게 하면 너무 세세하고 잡다하게 나누어

지니까요.

방문객 정의와 불의의 원칙을 포함하여 원칙들 일반에 관해 기술적으로 행해지는 토론은 어떤가? 우리는 이를 대개 논쟁[25]이라고 부르지 않는가?

테아이테토스 물론이지요.

방문객 그런데 그런 논쟁 가운데 어떤 것은 당사자가 재산을 잃게 d
하고, 어떤 것은 돈을 벌게 하네.

테아이테토스 전적으로 동의해요.

방문객 그렇다면 우리는 그 각각의 바른 이름을 찾아내보세.

테아이테토스 당연히 그래야겠지요.

방문객 누가 논쟁하는 재미에 빠져 제 할 일을 소홀히 하는데 듣는 사람 대부분에게는 재미가 없다면, 그런 논쟁은 솔직히 말해 수다[26]라고 해도 될 걸세.

테아이테토스 사람들은 그렇게 말하지요.

방문객 이번에는 자네 차례일세. 그와 반대로 사적인 논쟁에서 돈 e
을 버는 것은 누군지 자네가 말해보게.

테아이테토스 정답은 하나뿐이에요. 그는 우리가 찾는 저 놀라운

23 dikanikon.
24 antilogikon.
25 eristikon.
26 adoleschikon.

소피스트로, 이번에 네 번째로 모습을 드러내는군요.

226a **방문객** 그렇다면 지금까지 우리 논의에 따르면, 소피스트는 다름 아니라 논쟁으로 돈을 버는 족속인 것 같구먼. 그리고 논쟁은 반박의, 토론의, 다툼의, 경쟁의, 획득술의 일부이고.

테아이테토스 그렇고말고요.

방문객 자네도 보다시피 우리의 사냥감은 그야말로 복합적이어서 사람들 말마따나 한 손으로는 잡을 수 없네.

테아이테토스 그렇다면 두 손으로 잡아야지요.

b **방문객** 그래야지. 그것도 최선을 다해 그래야겠지. 그자의 발자국을 다음과 같이 추적하면서 말일세. 자네도 알다시피, 우리는 어떤 것들은 집안 하인들이 쓰는 낱말로 지칭하곤 하네.

테아이테토스 많은 것을 그렇게 하지요. 하지만 그 많은 것 가운데 정확히 어떤 것들에 관해 물으시는 거죠?

방문객 이를테면 우리는 '거르다' '체질하다' '가르다' '키질하다' 같은 낱말들을 사용하지 않는가?

테아이테토스 물론 사용하지요.

방문객 그런 것들 말고도 '소모(梳毛)하다' '실을 잣다' '베를 짜다' 같은 낱말이 있고, 그 밖의 다른 전문 용어도 우리는 수없이 알고 있네. 그렇지 않은가?

c **테아이테토스** 그대는 무엇을 보여주고 싶어서 그런 예들을 들며 물으시는 거죠?

방문객 내가 언급한 것들은 모두 분리와 관계가 있네.

테아이테토스 그래요.

방문객 그 모든 것에는 단 하나의 기술이 내포되어 있으니, 내 논리대로라면 거기에는 단 하나의 이름이 있을 것으로 봐야 할 걸세.

테아이테토스 그 기술을 우리는 뭐라고 할까요?

방문객 분리의 기술[27]이라고 하세.

테아이테토스 그렇게 하시지요.

방문객 그 기술에는 다시 두 종류가 있다고 볼 수 있는지 생각해 보게.

테아이테토스 나 같은 소년에게 너무 빨리 고찰할 것을 요구하시는군요.

방문객 방금 예를 든 분리[28]들 가운데 어떤 것은 더 좋은 것에서 d
더 나쁜 것을 분리하고, 어떤 것은 비슷한 것에서 비슷한 것을 분리하네.

테아이테토스 말씀을 듣고 보니 그런 것 같네요.

방문객 나는 후자에 대해서는 통용되는 이름을 모르지만, 더 좋은 것은 남겨두고 더 나쁜 것은 버리는 분리에 대해서는 이름을 알고 있네.

테아이테토스 무엇인지 말씀해주세요.

방문객 내가 알기에 그런 종류의 분리는 누구나 다 정화(淨化)[29]라

27 diakritike.

28 diakrisis.

고 부르는 것 같네.

테아이테토스 그렇게들 말하더군요.

e **방문객** 정화도 두 가지라는 것은 누구나 다 아는 사실 아닌가?

테아이테토스 그럴 테지요. 생각할 시간 여유가 있다면요. 하지만 나는 아직도 모르겠어요.

방문객 몸과 관련 있는 많은 종류의 정화는 하나의 이름으로 포괄하는 것이 적절할 걸세.

테아이테토스 어떤 종류들을 어떤 이름으로 포괄한다는 거죠?

227a **방문객** 체력 단련[30]과 의술[31]에 의해 제대로 행해지는 살아 있는 몸들의 내부 정화가 있고, 목욕이 행하는 말하기 시시한 외부 정화가 있네. 또한 살아 있지 않은 물체들의 정화도 있는데, 이것은 특히 천을 바래는 기술과 외양을 꾸미는 기술이 돌보는 분야로, 이것을 세분하면 우스꽝스러워 보이는 이름이 많이 생겨난다네.

테아이테토스 아주 우스꽝스럽겠군요.

방문객 물론 우스꽝스럽겠지, 테아이테토스. 그렇지만 우리의 논의 방법은 해면으로 때를 미는 기술보다 의술에 더도 덜도 신경 쓰지 않는다네. 물론 전자가 주는 이익은 적고, 후자가 주는 이익은 크겠지만 말일세. 우리의 논의 방법이 추구하는 것은 지성[32]을
b 획득하는 것이며, 그래서 모든 기술이 같은 종류에 속하는지 아닌지 이해하려는 것일세. 그러기에 그것은 모든 기술을 똑같이 존중하며 서로 비교하면서 한쪽이 다른 쪽보다 더 우스꽝스럽다고 생각하지 않으며, 사냥술을 보여주기 위해 전술을 구사하는 사람을

이를 잡는 사람보다 더 근엄하다고 여기기는커녕 오히려 대개는 허세를 부리는 것으로 생각한다네. 게다가 자네는 방금 살아 있건 살아 있지 않건 몸을 정화하는 능력이 있는 모든 활동에 어떤 이 c
름을 붙일 것인지 물었는데, 어떤 이름이 가장 적절하게 들리는가 하는 것은 우리의 논의 방법에는 전혀 중요하지 않네. 그 이름이 혼의 정화를 그 밖의 다른 것들의 정화와 구별해주기만 한다면. 우리의 논의 방법이 추구한 것은 사고의 정화를 다른 것들의 정화와 구별하는 것이었으니까. 우리가 그것의 의도를 제대로 안다면 말일세.

테아이테토스 알았어요. 정화에는 두 종류가 있는데, 하나는 혼과 관련 있고, 다른 하나는 몸과 관련 있다는 것에 동의해요.

방문객 정말 훌륭하이. 이번에는 내 말을 듣고 내가 말한 것을 역 d
시 둘로 잘라보게.

테아이테토스 어디로 인도하시든 그대와 함께 잘라볼게요.

방문객 우리는 혼 안의 악덕[33]은 미덕과는 다른 것이라고 말하지?

테아이테토스 물론이지요.

방문객 그런데 정화한다는 것은 좋은 것은 남겨두고 하찮은 것은

29 katharmos.

30 gymnastike.

31 iatrike.

32 nous.

33 poneria.

무엇이든 버리는 것이었네.

테아이테토스 그랬지요.

방문객 그렇다면 혼 안의 나쁨[34]을 제거할 수 있는 방법을 발견할 수 있을 경우, 우리가 이를 정화라고 하는 것은 앞뒤가 맞는 말일 걸세.

테아이테토스 그렇고말고요.

방문객 혼과 관련 있는 나쁨은 두 가지라고 말해야 하네.

테아이테토스 그게 어떤 것들이죠?

228a **방문객** 한 가지는 몸속에 생기는 질병[35]과 같고, 다른 한 가지는 추함[36]과 같네.

테아이테토스 무슨 말씀인지 모르겠어요.

방문객 자네는 질병과 내분[37]을 같은 것으로 여긴 적이 없는 듯하구먼.

테아이테토스 그 질문에도 뭐라고 답해야 할지 모르겠어요.

방문객 자네는 내분이 어떤 부패 때문에 발생하는, 본래 동족인 것들끼리의 불화 말고 다른 것이라고 생각하나?

테아이테토스 아니요.

방문객 그리고 추함은 어디서거나 보기 싫은 불균형 말고 다른 것인가?

b **테아이테토스** 다른 것이 아니죠.

방문객 어떤가? 타락한 자들의 혼 안에서는 판단은 욕구와, 기개는 쾌락과, 이성은 고통과, 또 이런 것들은 저들끼리 사이가 나쁜

다는 것을 우리는 알지 않는가?

테아이테토스 잘 알지요.

방문객 하지만 그런 것들은 모두 서로 친족 간임에 틀림없네.

테아이테토스 물론이지요.

방문객 그렇다면 악덕은 혼의 내분이자 질병이라고 말한다면 우리는 맞는 말을 하는 것이겠지.

테아이테토스 맞는 말이고말고요.

방문객 그렇다면 움직이는 물체가 과녁을 겨냥하며 맞히려 하지만 c
번번히 빗맞힌다고 가정해보게. 우리는 그런 일이 일어나는 것은 서로 간에 균형이 잡혔기 때문이라고 볼 것인가, 아니면 서로 간에 균형이 잡히지 않았기 때문이라고 볼 것인가?

테아이테토스 분명 서로 간에 균형이 잡히지 않았기 때문이겠지요.

방문객 그러나 우리가 알기에, 어떤 혼도 자발적으로 어떤 것에 무지하지는 않네.

테아이테토스 물론이지요.

방문객 무지[38]란 혼이 진리를 구하려 하지만 이해라는 과녁을 빗 d
맞혀 거기에서 벗어나는 것 외에 다른 것이 아닐세.

34 kakia.

35 nosos.

36 aischos.

37 stasis.

38 to agnoein.

테아이테토스 물론이지요.

방문객 그렇다면 우리는 무지한 혼을 추하고 균형이 잡히지 않은 것으로 봐야 할 걸세.

테아이테토스 그런 것 같아요.

방문객 그렇다면 혼 안에 생기는 나쁨은 두 가지인 것 같네. 대다수는 그것을 악덕이라고 부르지만, 그것은 분명 혼의 질병일세.

테아이테토스 네.

방문객 다른 하나는 사람들이 무지라 부르는 것인데, 혼 안에서만 발생할 경우 그것이 나쁨이라는 것에 사람들은 기꺼이 동의할 걸세.

e **테아이테토스** 방금 그대가 혼 안에는 두 가지 나쁨이 있다고 말했을 때 나는 긴가민가했는데, 이제는 전적으로 동의해야겠네요. 그렇다면 비겁함과 방종과 불의는 우리 안의 질병으로, 무지해서 모르는 것이 넘쳐흐르는 상태는 추함으로 봐야 할 것 같군요.

방문객 그런데 몸 안의 이 두 가지 상태를 다루기 위해 두 가지 기술이 생겨났겠지?

테아이테토스 두 가지라니, 그게 어떤 것들이죠?

229a **방문객** 추함을 다루는 체력 단련과 질병을 다루는 의술 말일세.

테아이테토스 그런 것 같군요.

방문객 그리고 오만과 불의와 비겁함을 다루는 데는 모든 기술 중에서 교정(矯正)[39]이 가장 적절한 것 아닐까?

테아이테토스 그런 것 같아요. 적어도 인간적 판단에 따르면 말이에요.

방문객 어떤가? 모든 종류의 무지를 다루는 기술로는 가르치는 기술[40]보다 더 올바른 이름을 댈 수 없겠지?

테아이테토스 없어요.

방문객 자, 생각해보게. 우리는 가르치는 기술에는 한 가지만 있 b
다고 말할까, 아니면 여러 가지가 있는데 그중 두 가지가 가장 중
요하다고 말할까?

테아이테토스 생각 중이에요.

방문객 내 생각에는 다음과 같이 하면 가장 빨리 그 해답을 구할 수 있을 것 같네.

테아이테토스 어떻게 하면요?

방문객 무지가 중간쯤에서 양분될 수 있는지 보자는 거지. 무지가 두 부분으로 나뉜다는 점이 드러나면, 가르치는 기술 또한 분명 무지의 각 부분에 하나씩 두 부분을 가질 수밖에 없을 테니까.

테아이테토스 어때요? 지금 우리가 찾는 것이 그대에게는 어딘가에서 보이세요?

방문객 아무튼 다른 무지와는 확연히 다르며 다른 무지들을 다 합 c
친 것과 맞먹는 크고 까다로운 무지가 보이는 것 같긴 하네.

테아이테토스 그게 어떤 것인가요?

39 kolastike.

40 didaskalike.

방문객 알지 못하면서 안다고 생각하는 것이네. 이것이 우리가 저지르는 모든 지적 과오의 원인인 듯하네.

테아이테토스 맞아요.

방문객 그리고 오직 이런 종류의 무지에만 '어리석음'[41]이라는 이름이 붙는 것 같네.

테아이테토스 물론이지요.

방문객 그럼 가르치는 기술 중에서 이런 과오를 저지르지 않게 하는 부분은 무엇이라고 불러야 할까?

d **테아이테토스** 손님, 내 생각에 가르치는 기술의 다른 부분은 '기술 교육'[42]이지만, 그 부분은 이곳 아테나이에서는 '교육'[43]이라 불렀어요.

방문객 테아이테토스, 다른 헬라스[44]인들도 대부분 그렇게 부르지. 그러나 우리는 교육이 나눌 수 없는 전체인지, 아니면 이렇다 할 부분들로 나눌 수 있는지도 고찰해야 하네.

테아이테토스 당연히 고찰해야겠지요.

방문객 내 생각에 교육도 어떻게든 나눌 수 있을 것 같네.

테아이테토스 어떤 원칙에 따라서요?

e **방문객** 담론[45]을 통해 가르치는 기술에는 더 거친 방법도 있는가 하면, 더 순탄한 방법도 있는 것 같네.

테아이테토스 우리는 그것들을 각각 무엇이라고 부를 거죠?

방문객 그중 하나는 우리 선조들이 쓰던 전통적인 방법으로, 다름 아니라 나무라기도 하고 부드럽게 타이르기도 하는 것일세. 우리

선조들은 특히 아들들에게 이 방법을 썼고, 아들들이 잘못하면 지금도 많은 아버지들이 여전히 이 방법을 쓰곤 하지. 이를 통틀 230a
어 '훈계'[46]라고 부르는 것이 가장 적절할 걸세.

테아이테토스 그렇고말고요.

방문객 그런가 하면 어떤 사람들은 모든 무지는 비자발적이라고, 자신이 지혜롭다고 생각하는 사람은 자신이 잘 안다고 생각하는 것들은 아무것도 배우려 하지 않는다고, 그래서 훈계식 교육은 힘만 많이 들지 성과는 미미하다고 확신하는 것 같네.

테아이테토스 그들 생각도 맞아요.

방문객 그래서 그들은 다른 방법으로 이런 자만에서 벗어나려 하지. b

테아이테토스 어떤 방법으로요?

방문객 그들은 누가 사실은 아무것도 말하지 않으면서 무엇인가를 말한다고 믿으면 따지고 묻는다네. 그러면 그의 의견들은 일관성이 없기 때문에 그들은 쉽게 그를 논박하게 되지. 그리고 토론을 통해 그의 의견들을 한데 모아 나란히 놓은 다음 그의 의견들이 같은 것들에 대해서도, 같은 것들과 관련해서도, 같은 관점에

41 amathia.
42 demiourgike (techne).
43 paideia.
44 그리스.
45 logos.
46 nouthetetike.

서도 서로 모순된다는 점을 보여주지. 그러면 반박당하는 자들은
c 이것을 보고 자신에게는 화를 내지만 남들에게는 공손해진다네.
이런 식으로 그들은 자신에 대한 크고 완고한 선입관들에서 해방
되는데, 이보다 더 듣기 좋고 당하는 사람에게 효과가 가장 오래
지속되는 해방은 없다네. 여보게, 그 이유는 다음과 같네. 마치 의
사가 몸속의 장애물들이 제거되기 전에는 몸이 음식물을 섭취해
도 이득을 보지 못할 것이라고 생각하듯이, 혼을 정화하는 사람
d 도 자기 환자가 논박당하고 논박당함으로써 겸손해지기 전에는
배워도 이득을 보지 못하리라는 것을 알고 있네. 그래서 그는 자
기 환자가 자신에 대한 선입관들에서 정화되어 자기가 아는 것만
알고 그 이상은 알지 못한다고 생각하게 만들어야 하네.

테아이테토스 아무튼 그것은 가장 훌륭하고 가장 절제 있는 마음
가짐[47]이에요.

방문객 테아이테토스, 이 모든 점 때문에 우리는 논박[48]이 가장 위
대하고 가장 주된 정화라고 말해야 하네. 논박당하지 않은 사람
e 은 설령 대왕(大王)[49]이라 하더라도 가장 중요한 것들에 정화되지
않은 사람이라고 생각해야 하네. 그런 사람은 진실로 행복해질 사
람이라면 누구나 마땅히 가장 정결하고 가장 고상해야 할 그런 것
들에 의해 교육받지 못하고 추하니 말일세.

테아이테토스 전적으로 동의해요.

방문객 어떤가? 우리는 그런 기술을 사용하는 사람들을 무엇이라
231a 부를까? 나는 그들을 소피스트라 부르기가 두렵구먼.

테아이테토스 어째서요?

방문객 그건 소피스트들에게 과분한 명예를 부여하는 것이니까.

테아이테토스 하지만 우리가 방금 언급한 그런 사람은 소피스트와 닮은 데가 있어요.

방문객 그렇다면 늑대도 개를 닮았지. 늑대는 가장 사납고 개는 가장 온순하지만 말일세. 누구든 걸려 넘어지지 않으려면 언제나 유사성에 주의해야 하네. 우리가 논의하고 있는 부류는 미끄럽기 짝이 없기 때문일세. 어쨌든 소피스트들이 그런 사람들이라고 해두세. 정화하는 사람들이 제대로 방어하려 한다면, 생각건대 논 b
의 중인 경계선이 아주 중요하다는 것이 드러날 테니까.

테아이테토스 그런 것 같습니다.

방문객 그렇다면 정화는 분리의 기술에 속하는 것으로 해두세. 그리고 정화에서는 혼에 관한 부분을, 혼에 관한 부분에서는 가르치는 기술을, 가르치는 기술에서는 교육을 떼어내세. 그리고 교육 중에서 사이비 지혜[50]에 대한 논박을 조금 전 논리에 따라 다름 아닌 지체 높으신 소피스트 기술이라고 부르기로 하세.

테아이테토스 그렇게 부르기로 해요. 하지만 소피스트는 벌써 여러 c

47 hexis.

48 elenchos.

49 basileus ho megas. 페르시아 왕.

50 doxosophia.

모습으로 나타난 터라 내가 무어라고 말해야 그 본성을 제대로 표현할 수 있을지 어리둥절하네요.

방문객 어리둥절할 만도 하지. 하지만 그도 지금 어떻게 하면 우리 논의에서 빠져나갈 수 있을지 몹시 어리둥절하리라 생각해야 하네. 레슬링에서 상대방의 기술을 다 피하기는 쉽지 않다는 속담도 있지 않은가. 그러니 지금이야말로 우리가 그를 공격해야 하네.

테아이테토스 좋은 말씀이에요.

방문객 그렇지만 우선은 멈춰 서서, 말하자면 숨 좀 돌리도록 하
d 세. 그리고 숨을 돌리면서 소피스트가 얼마나 많은 모습으로 우리에게 나타났는지 우리끼리 세어보세. 내 생각에 그는 처음에 부유한 젊은이들의, 보수를 받는 사냥꾼으로 드러난 것 같네.

테아이테토스 네.

방문객 두 번째로, 그는 혼의 배울 거리를 파는 도매상인으로 드러났네.

테아이테토스 맞아요.

방문객 세 번째로, 그는 똑같은 것들을 파는 소매상으로 드러나지 않았던가?

테아이테토스 맞아요. 그리고 네 번째로 그는 자신이 만든 배울 거리를 직접 파는 사람으로 드러났지요.

e **방문객** 제대로 기억하고 있구먼. 그러나 다섯 번째는 내가 기억해보겠네. 그는 경쟁 중에서도 논쟁을 업으로 삼는 토론 선수였네.

테아이테토스 그랬지요.

방문객 여섯 번째 것은 의견이 분분했지만 우리는 그에게 양보하고, 그를 배움을 방해하는 선입관들을 제거함으로써 혼을 정화하는 사람으로 보았네.

테아이테토스 전적으로 동의해요.

방문객 누가 한 가지 기술의 전문가이면서 여러 분야의 전문가인 232a
것처럼 보인다면, 자네는 그런 인상은 믿을 것이 못 된다고 생각하지 않겠는가? 어떤 기술에서 그런 인상을 받는 사람은 분명 지식의 이 모든 부분이 한데 모이는 그 기술의 핵심을 볼 수 없어서 그 부분들을 가진 사람을 하나의 이름 대신 여러 가지 이름으로 부르는 게 아닐까?

테아이테토스 십중팔구 그렇겠지요.

방문객 그렇다면 태만으로 인해 우리 탐구에서 그런 실수를 저지 b
르지 않도록 하세. 먼저 우리가 소피스트에 관해 말한 것 가운데 하나로 돌아가세. 내가 보기에 특히 그중 하나가 소피스트의 특성을 분명히 보여주는 것 같으니까.

테아이테토스 그게 어떤 것이었지요?

방문객 어딘가에서[51] 우리는 그가 반박에 능한 사람[52]이라고 말했네.

테아이테토스 네.

51 225b 참조.

52 antilogikos.

방문객 어떤가? 우리는 또한 그가 남들에게도 반박술을 가르친다고 말했네.

테아이테토스 물론이지요.

방문객 그렇다면 그런 사람들은 무엇과 관련하여 남들에게 반박술을 가르친다고 주장하는지 고찰하되, 다음과 같은 방법으로 고
c 찰을 시작하세. 자, 그들은 대다수의 눈에 보이지 않는 신적인 것들과 관련하여 남들도 반박할 수 있게 해준다고 주장하는가?

테아이테토스 아무튼 그들은 그런다고들 하더군요.

방문객 그렇다면 대지와 하늘에서 눈에 보이는 것들과 그런 종류의 모든 것과 관련해서는 어떤가?

테아이테토스 그런 것들은 말할 나위도 없고요.

방문객 나아가 사적인 모임에서 생성[53]과 존재[54] 일반에 관해 논의할 때, 우리는 그들이 자신들도 반박에 능하고 남들도 자기들처럼 반박에 능하게 해준다는 것을 알고 있네.

테아이테토스 전적으로 동의해요.

d **방문객** 법률[55]과 나랏일[56] 일반은 어떤가? 그들은 이런 분야들에서도 남들을 논쟁에 능한 자로 만들어주겠다고 약속하지 않는가?

테아이테토스 그들이 그런 약속을 하지 않는다면 그들과 대화하려는 사람은 실제로 아무도 없겠지요.

방문객 사실 기술 일반이나 개별 기술과 관련하여 기술자에게 어떻게 반박해야 하는지는 이를 배우기를 원하는 사람을 위해 문자로 적혀 널리 보급되어 있네.

테아이테토스 내가 보기에, 레슬링과 다른 전문 기술들에 관한 프로타고라스[57]의 저술들을 염두에 두고 말씀하시는 것 같군요. e

방문객 여보게, 다른 사람들의 수많은 저술도 염두에 두고 한 말일세. 하지만 반박술은 한마디로 말해 무엇에 관해서든 논쟁을 벌일 수 있는 능력처럼 보이지 않는가?

테아이테토스 아무튼 반박술이 손대지 않고 남겨두는 것은 하나도 없는 것 같아요.

방문객 여보게 젊은이, 자네는 그게 정말 가능하다고 생각하는가? 아마 젊은 자네들이라면 더 선명하게 볼 수 있겠지. 우리는 눈이 침침하니까.

테아이테토스 뭐가 가능하다는 거죠? 또 내가 무엇을 본다는 거 233a
죠? 나는 그대가 지금 질문하신 것이 정확히 무슨 뜻인지 모르겠어요.

방문객 인간이 모든 것을 다 안다는 것이 가능하냐는 말일세.

테아이테토스 그렇다면 손님, 인간은 축복받았다고 할 수 있겠지요.

53 genesis.

54 ousia.

55 nomos.

56 politika.

57 프로타고라스(Protagoras)는 기원전 485년경 에게 해 북안의 압데라(Abdera)에서 태어난 가장 유명한 소피스트이다. 그는 『반박술』(*Antilogiai*)이라는 큰 논문집을 냈는데, 거기에는 신과 존재에 관해서뿐만 아니라 레슬링을 포함한 각종 기술에 관한 글들이 포함되어 있다고 한다.

방문객 그런데 아는 사람을 무지한 자가 반박할 경우 어떻게 건전한 말을 할 수 있겠나?

테아이테토스 절대로 그럴 수 없어요.

방문객 그렇다면 소피스트 기술의 저 놀라운 마력의 비밀은 도대체 무엇인가?

테아이테토스 비밀이라니, 어떤 비밀 말씀이죠?

b **방문객** 소피스트들은 모든 것에 관해 자신들이 세상에서 가장 지혜롭다는 믿음을 어떻게 젊은이들에게 심어줄 수 있냐는 말일세. 만약 그들이 제대로 반박하지 못하거나, 아니면 젊은이들이 보기에 제대로 반박하지 못하는 것처럼 보이거나, 아니면 제대로 반박하는 것처럼 보여도 그런 반박에 힘입어 더 지혜로워 보이지 않는다면, 자네 말마따나 그들에게 돈을 주거나 그들의 제자가 되려는 사람은 거의 없을 것이 분명하네.

테아이테토스 거의 없겠지요.

방문객 그런데 과연 그렇게 하려는 사람들이 있을까?

테아이테토스 있고말고요.

c **방문객** 그것은 아마도 소피스트들이 자신들이 반박하는 것들에 관해 알고 있는 듯이 보이기 때문일 걸세.

테아이테토스 물론이지요.

방문객 그런데 우리는 그들이 모든 것에 관해 반박한다고 말하지 않는가?

테아이테토스 네, 그렇게 말하지요.

방문객 그러면 그들은 제자들에게 모든 점에서 지혜로운 사람으로 보일 걸세.

테아이테토스 물론이지요.

방문객 그러나 그들은 실제로는 그렇지 않네. 그것은 불가능하다는 것이 밝혀졌으니까.

테아이테토스 불가능하고말고요.

방문객 그렇다면 소피스트는, 모든 것에 관해 진리처럼 보일 뿐 사실은 진리가 아닌 지식[58]을 갖고 있는 사람으로 밝혀졌네.

테아이테토스 전적으로 동의해요. 지금 우리가 그들에 관해 말한 d
것이 가장 옳은 말인 것 같아요.

방문객 그러면 그들의 본성을 더 분명히 밝혀줄 예를 하나 들어보세.

테아이테토스 그게 어떤 것인데요?

방문객 이런 걸세. 정신 바짝 차리고 내 질문에 대답해주게.

테아이테토스 어떤 질문이죠?

방문객 어떤 사람이 자기는 말할 줄도 반박할 줄도 모르지만, 단 한 가지 기술로 모든 것을 제작하거나 행할 수 있다고 주장한다고 가정해보게.

테아이테토스 모든 것이라니, 그게 무슨 뜻이죠? e

58 episteme.

방문객 자네는 처음부터 내 말뜻을 알아차리지 못하는구먼. '모든 것'이 무슨 뜻인지 모르는 것 같으니 말일세.

테아이테토스 정말로 모르겠어요.

방문객 '모든 것'에는 나와 자네뿐 아니라, 다른 동물들과 나무들도 포함되네.

테아이테토스 무슨 말씀이신지요?

방문객 어떤 사람이 나와 자네와 다른 피조물[59]을 모두 제작하겠다고 말한다고 가정해보게.

234a **테아이테토스** 제작[60]이라니 어떤 종류의 제작 말씀인가요? 설마 어떤 종류의 농부를 두고 그렇게 말씀하시는 것은 아니겠지요. 그대는 그가 동물들도 제작한다고 말씀하셨으니까요.

방문객 그랬지. 그뿐 아니라 그는 바다, 대지, 하늘, 신들과 그 밖의 모든 것을 제작한다네. 게다가 그는 이런 것들을 금세 제작해서 몇 푼 안 되는 돈을 받고 팔아버리지.

테아이테토스 농담하시는 거로군요.

방문객 어떤가? 누가 자기는 모든 것을 알고 있으며 몇 푼 안 되는 돈을 받고 그것을 단기간에 남에게 가르칠 수 있다고 주장한다면, 그거야말로 농담하는 것이라고 여겨야 하지 않을까?

테아이테토스 전적으로 그렇다고 여겨야겠지요.

b **방문객** 그런데 자네는 농담 중에 모방[61]보다 더 교묘하고 더 매력적인 것을 아는가?

테아이테토스 아니요. '모방'이란 온갖 잡다한 것들을 하나로 포괄하는 매우 복합적인 용어니까요.

방문객 물론 우리는 한 가지 기술로 모든 것을 제작할 수 있다고 주장하는 사람은 사실은 화가이며, 그는 존재하는 것들[62]과 이름이 같은 존재하는 것들의 모방물[63]들을 화가의 기술로 제작한다는 것을 알고 있네. 그는 또한 자기 그림들을 멀리서 내보임으로써 지각없는 아이들을 속여 자기는 원하는 것이면 무엇이든 실제로 제작할 수 있는 전능한 사람이라고 믿게 할 수 있네.

테아이테토스 물론이지요. c

방문객 어떤가? 그렇다면 담론[64]과 관련해서도 모방이 있다고 생각할 수 있지 않을까? 아직도 사물들의 진리에서 멀리 떨어져 있는 젊은이들에게 모든 것에 관해 담론의 모상(模像)[65]을 보여주면서 그것은 진리를 말한 것이며, 그렇게 말하는 사람은 만물에 관해 세상에서 가장 지혜로운 사람이라고 믿게 만듦으로써 그런 젊은이들의 마음을 말로 호릴 수 있지 않을까?

테아이테토스 그런 종류의 다른 기술이 없으란 법이 어디 있겠어요? d

59 phyta.
60 poiesis.
61 to mimetikon.
62 ta onta.
63 mimema.
64 logos.
65 eidolon.

방문객 그러나 세월이 흘러 그때 그런 담론을 들었던 젊은이들이
나이를 먹어, 존재하는 것들과 더 가까이서 접촉하고 존재하는 것
들을 경험을 통해 명확하게 파악하도록 강요받는다면, 그들은 대
부분 어쩔 수 없이 이전의 의견을 바꾸게 되어 중요한 것들이 사소
e 해 보이고 어려운 것들이 쉬워 보이며 담론 속 모든 모상은 삶의
현실에 의해 완전히 뒤집히지 않을까?

테아이테토스 아무튼 내 또래라면 그렇게 판단하겠지요. 나도 여전히 멀리 떨어져 있는 사람들 축에 드는 것 같지만 말예요.

방문객 그래서 여기 있는 우리는 모두 자네가 그런 경험을 하지 않
도록 자네를 존재하는 것들에 되도록 더 가까이 데려가려고 최선
을 다할 것이며 지금도 최선을 다하고 있다네. 그건 그렇고, 소피
235a 스트에 대한 다음 질문에 대답해주게. 그는 존재하는 것들을 모
방하는 일종의 협잡꾼이라는 것이 이제는 분명해졌는가, 아니면
우리는 그가 능히 반박할 수 있어 보이는 모든 것들에 관해 정말
로 알고 있다고 여전히 의심하는가?

테아이테토스 하지만 손님, 그가 어떻게 그럴 수 있겠어요? 우리가 앞서 말한 바에 따르면 그는 수많은 농담가 중 한 명이라는 것이 벌써 분명히 드러났는데 말예요.

방문객 그렇다면 우리는 소피스트를 요술쟁이[66]이자 일종의 모방자[67]로 봐야겠구먼.

테아이테토스 당연히 그렇게 봐야겠지요.

방문객 이제 우리가 할 일은 사냥감이 빠져나가지 못하게 하는 것

일세. 우리는 그를 논증이라는 사냥 그물로 에워쌌으니까. 그러니 그는 결코 여기서는 빠져나가지 못할 걸세. b

테아이테토스 여기라니, 그게 뭐죠?

방문객 그가 일종의 야바위꾼[68]이라는 사실 말일세.

테아이테토스 내가 보기에도 그는 그런 사람인 것 같아요.

방문객 그렇다면 우리는 분명 되도록 속히 모상 제작술[69]을 나누면서 그 속으로 깊숙이 내려가야 하네. 그리고 만약 소피스트가 우리의 공격에 맞선다면 우리는 이성이라는 제왕의 명령에 따라 그를 체포하여 제왕에게 넘기고 그를 잡았다는 사실을 공표할 걸세. 만약 그가 모방술의 은밀한 구석으로 숨어들면 그가 모방술의 어떤 부분에서 잡힐 때까지 우리는 계속 나누면서 그를 추적할 걸세. 아무튼 소피스트든 다른 부류든 사물을 개별적으로도 전체적으로도 추적할 수 있는 우리의 추적 방법을 피해 달아났다고 큰소리치는 일은 결코 없을 걸세. c

테아이테토스 좋은 말씀이에요. 그러니 그렇게 해야겠어요.

방문객 우리가 지금까지 사용한 분리의 방법[70]을 따른다면 모방술[71]에도 두 종류가 있는 것처럼 보이지만, 우리가 찾는 형상[72]을 d

66 goes.

67 mimetes.

68 thaumatopoios.

69 eidolopoiike.

70 tropos tes diaireseos.

둘 중 어느 것에서 발견할 수 있을지는 지금으로서는 확실히 말할 수 없을 것 같네.

테아이테토스 그 '두 종류'라는 게 무엇인지 먼저 말씀해주세요.

방문객 모방술의 한 가지는 닮은꼴 만들기[73]인데, 이것은 무엇보
e 다도 누가 모형[74]의 길이와 너비와 깊이의 비율을 견지하고 각 부분들에 모형 본래의 색깔을 칠함으로써 모방물을 제작하는 경우일세.

테아이테토스 어때요? 모방자라면 누구나 그렇게 하려 하지 않나요?

방문객 언제나 그런 것은 아닐세. 조각가나 화가가 큰 작품을 제작할 때 그들이 아름다운 모형의 원래 비율을 견지하면, 자네도 알다시피, 윗부분은 멀리서 보고 아랫부분은 가까이서 보기 때문에
236a 윗부분은 그래야 하는 것보다 더 작아 보이고 아랫부분은 더 커 보일 테니 말일세.

테아이테토스 물론 그렇지요.

방문객 그래서 오늘날 장인(匠人)들은 진실은 외면하고, 모상을 제작할 때 실제로 아름다운 것이 아니라 아름다워 보이는 비율을 견지하는 것 아닐까?

테아이테토스 전적으로 동의해요.

방문객 그렇다면 처음 말한 것은 모형을 닮았으니 닮은꼴[75]이라고 하는 것이 옳지 않을까?

테아이테토스 네, 옳아요.

b **방문객** 그러니 이와 관련된 모방술의 부분은 앞서 말했듯이 '닮은

꼴 만들기'라고 불러야겠지?

테아이테토스 그래야겠지요.

방문객 어떤가? 보는 사람이 불리한 관점에서 보기 때문에 아름다워 보이지만, 누군가 그토록 규모가 큰 작품을 제대로 볼 수만 있다면 그것이 닮았다고 주장하는 것과 사실은 닮지 않은 것은 무엇이라고 부를까? 그것은 닮아 보이지만 사실은 닮지 않았으니 환영(幻影)[76]이라고 부르는 것이 옳지 않을까?

테아이테토스 왜 아니겠어요?

방문객 그런데 이런 종류의 제작물이 그림과 그 밖의 모든 모방술 c
의 대부분을 차지하지 않을까?

테아이테토스 왜 아니겠어요?

방문객 그렇다면 닮은꼴이 아니라 환영을 만드는 기술은 환영 제작술[77]이라고 부르는 것이 가장 옳지 않을까?

테아이테토스 그렇고말고요.

방문객 그러니까 내가 말한 모상 제작술에는 닮은꼴 제작술과 환

71 mimetike.
72 idea.
73 eikastike.
74 paradeigma.
75 eikon.
76 phantasma.
77 phantastike.

영 제작술이라는 두 종류가 있네.

테아이테토스 맞아요.

방문객 하지만 나는 소피스트를 이 둘 중 어느 것에 배속해야 할지 전에도 확신이 서지 않았지만 지금도 분명하게 볼 수가 없다네.
d 그는 찾아내기가 거의 불가능한 참으로 놀라운 사람일세. 지금도 그는 추적할 방법이 없는 형상 속으로 능수능란하게 도망쳐버렸다네.

테아이테토스 그런 것 같아요.

방문객 자네는 알고서 동의하는가, 아니면 논의의 흐름과 습관의 힘에 휩쓸려 그렇게 서둘러 동의하는가?

테아이테토스 무슨 말씀이신지요? 그리고 왜 그런 말씀을 하시는 거죠?

e **방문객** 여보게, 정말이지 우리는 아주 어려운 문제를 만났네. 사실은 그렇지 않으면서 그렇게 보이거나 생각되는 것, 그리고 참[78]이 아닌 무엇인가를 말하는 것은 예나 지금이나 모두 어려움으로 가득 차 있으니까. 거짓[79]이 실제로 존재한다는 것을 어떻게 말하거나 생각해야 하며, 어떻게 해야 그런 말을 해도 모순에 빠지지
237a 않는지 안다는 것은 사실 난제 중의 난제일세, 테아이테토스.

테아이테토스 어째서 그렇지요?

방문객 거짓이 실제로 존재한다는 논리는 대담하게도 존재하지 않는 것[80]이 존재한다고 주장하는 것일세. 거짓은 다른 방법으로는 존재할 수 없으니까. 그러나 젊은이, 위대한 파르메니데스는 우리

가 자네 또래의 소년이었을 때부터 생을 마감할 때까지 산문이나 운문으로 다음과 같이 되풀이해서 글을 쓰며 이를 반박하셨네.

> 존재하지 않는 것들이 존재한다고는 결코 입증되지 않으리라.
> 그러니 그대는 사유가 탐구의 이 길로 들어서지 못하게 하라.

이것이 그분의 증언일세. 잠깐만 검토한다면 그분의 말씀이 그 b
분의 뜻을 가장 확실히 밝혀줄 걸세. 그러니 자네만 좋다면 먼저 그분의 말씀부터 고찰하세.

테아이테토스 내 염려는 마시고 좋으실 대로 하세요. 그대가 가장 좋은 방법으로 토론을 이끌며 그 길로 나도 데려가신다면 나는 더 바랄 게 없겠어요.

방문객 그래야겠지. 말해보게. 우리는 과감하게 '결코 존재하지 않는 것'이라는 말을 할까?

테아이테토스 물론이지요.

방문객 그렇다면 토론을 위한 토론과 말장난은 제쳐두고, 파르메
니데스의 청강생들 중 한 명이 '존재하지 않는 것'이라는 말은 어 c
디에 사용해야 되는지 숙고해보고 대답해달라는 진지한 요청을

78 alethe.

79 pseudos.

80 to me on.

받았다고 가정해보게. 그는 그 말을 어떻게 사용할 것 같은가? 그는 혼자 생각하거나 질문자에게 설명할 때 그 말을 무엇에, 어떤 종류의 대상에 사용할까?

테아이테토스 나 같은 사람은 대답할 엄두조차 나지 않는 어려운 질문을 하시는군요.

방문객 하지만 '존재하지 않는 것'이라는 말을 존재하는 것에 사용할 수 없다는 점은 어쨌든 분명하네.

테아이테토스 물론이지요.

방문객 그리고 그 말을 존재하는 것[81]에 사용할 수 없다면 '어떤 것'[82]에 사용하는 것도 옳지 않을 걸세.

테아이테토스 어째서요?

d **방문객** '어떤 것'이라는 표현은 언제나 존재하는 것에 사용된다는 것 또한 분명하네. 마치 존재하는 모든 것에서 고립되어 벌거벗은 채 있는 것처럼 그런 표현만을 사용한다는 것은 불가능하니까. 그렇지 않은가?

테아이테토스 불가능해요.

방문객 자네가 동의하는 이유는, '어떤 것'을 말하는 사람은 필연적으로 '어떤 하나'[83]를 말하는 것이라고 생각하기 때문인가?

테아이테토스 그래요.

방문객 그리고 자네는 '어떤 것'이라는 표현은 하나를, '어떤 것들'이라는 표현은 둘이나 다수를 가리킨다는 데 동의하겠구먼.

테아이테토스 물론이지요.

방문객 그렇다면 '어떤 것'을 말하지 않는 사람은 필연적으로 하나 조차도 말하지 않는 사람인 것 같구먼. e

테아이테토스 필연적으로 그래요.

방문객 그렇다면 우리는 그런 사람이 아무것도 말하지 않는데도 뭔가를 말한다고 인정해서는 안 될 걸세. 오히려 우리는 존재하지 않는 것을 말하려는 사람은 말하는 것이 아니라고 주장해야 하네.

테아이테토스 아무튼 우리 논의는 이제 마지막 난관에 부닥쳤군요.

방문객 아직은 그런 말 할 때가 아닐세. 여보게, 으뜸가는 최대 난 238a
관이 그대로 남아 있다네. 이 난관은 논의의 출발점과 관계가 있으니 말일세.

테아이테토스 무슨 말씀이신지요? 망설이지 말고 말씀해주세요.

방문객 존재하는 것에는 존재하는 다른 것이 덧붙여질 수 있네.

테아이테토스 물론이지요.

방문객 그러나 존재하지 않는 것에 존재하는 어떤 것이 덧붙여질 수 있다고 말할 수 있을까?

테아이테토스 어떻게 그럴 수 있겠어요?

방문객 그런데 우리는 모든 수(數)는 존재하는 것으로 보네.

테아이테토스 그렇지요. 수 아닌 다른 것도 존재하는 것으로 본다 b

81 to on.

82 to ti.

83 hen ti.

면 말예요.

방문객 그렇다면 우리는 수가 하나든 여럿이든 존재하지 않는 것에는 사용하려 들지 말아야 할 걸세.

테아이테토스 우리 논의에 따르면, 그렇게 하려는 것은 확실히 잘못하는 일 같아요.

방문객 그렇다면 어떻게 수를 사용하지 않고 존재하는 것들이나 존재하는 것을 언어로 표현하거나 사고를 통해 파악할 수 있을까?

테아이테토스 말씀해주세요. 어떻게 해야 그럴 수 있을까요?

c **방문객** 우리가 '존재하지 않는 것들'이라고 말할 때는, 존재하지 않는 것에 여럿을 덧붙이려는 게 아닌가?

테아이테토스 물론이지요.

방문객 그리고 '존재하지 않는 것'이라고 말할 때는, 하나를 덧붙이려는 게 아닌가?

테아이테토스 그렇고말고요.

방문객 하지만 '존재하지 않는 것'에 '존재하는 것'을 덧붙이는 것은 정당하지도 옳지도 않다는 것이 우리의 주장일세.

테아이테토스 지당하신 말씀이에요.

방문객 그렇다면 자네는 그 자체로 '존재하지 않는 것'은 제대로 표현하거나 말하거나 사고하는 것이 가능하기는커녕 사고하는 것도 말하는 것도 표현하는 것도 설명하는 것도 불가능하다는 것을 알겠구먼?

테아이테토스 알고말고요.

방문객 그렇다면 나는 조금 전 최대 난관을 말하겠다고 약속했는 d
데 아마도 내가 실언한 것 같구먼. 사실 우리는 더 큰 다른 난관을 말할 수 있지 않을까?

테아이테토스 그게 어떤 난관인데요?

방문객 여보게, 자네는 우리가 말한 것들에서 존재하지 않는 것은 그것을 논박하려는 사람을 궁지로 몰아넣어 그가 그것을 논박하려 하자마자 그것에 관해 앞뒤가 맞지 않는 말을 할 수밖에 없다는 것을 모르겠는가?

테아이테토스 무슨 말씀이신지요? 설명이 필요해요.

방문객 설명이 필요하다면 나를 쳐다볼 필요는 없네. 나는 존재하 e
지 않는 것은 하나와도 여럿과도 무관하다고 주장했지만, 아까도 지금도 그것을 하나로 보고 말하기 때문일세. 내가 말하는 것은 '존재하지 않는 것'이라고 말하고 있으니까. 무슨 말인지 알겠나?

테아이테토스 네.

방문객 나는 또한 조금 전에도 그것에 관해서는 말할 수도 표현할 수도 설명할 수도 없다고 말했네. 알아듣겠는가?

테아이테토스 알아듣고말고요.

방문객 그렇다면 내가 '존재한다'[84]는 말을 그것에 덧붙이려 했을
때 내가 앞서 말한 것과 모순되는 말을 한 거겠지? 239a

84 einai.

테아이테토스 그런 것 같네요.

방문객 어떤가? 나는 그것에 정관사 단수[85]를 덧붙임으로써 그것이 하나인 것처럼 말하지 않았나?

테아이테토스 네, 그랬지요.

방문객 그뿐 아니라 나는 그것에 관해서는 설명할 수도 말할 수도 표현할 수도 없다고 말함으로써 그것이 하나인 것처럼 말했네.

테아이테토스 물론 그랬지요.

방문객 하지만 우리의 주장은, 누군가 바르게 말하려 한다면 그것을 하나 또는 여럿으로 규정하거나 심지어는 '그것'[86]이라고 불러서도 안 된다는 것일세. 그렇게 부르는 것은 그것에 단수의 성격을 부여하는 셈이니까.

테아이테토스 전적으로 동의해요.

b **방문객** 그렇다면 나를 위해 무슨 말을 더 할 수 있겠나? 자네는 아까도 지금도 내가 존재하지 않는 것을 논박하는 데 실패했다는 것을 발견하게 될 테니 말일세. 그러니 내가 말했듯이, 존재하지 않는 것에 관해 바르게 말하는 법을 내가 하는 말에서 찾을 것이 아니라, 앞으로는 자네가 하는 말에서 찾기로 하세.

테아이테토스 무슨 말씀이신지요?

방문객 자, 자네는 젊으니까 우리를 위해 훌륭하고도 고상하게 있는 힘을 다해서, 존재도 하나도 여럿도 덧붙이지 말고, 존재하지 않는 것에 관해 바른 말을 하도록 노력을 기울여달란 말일세.

c **테아이테토스** 그대가 그런 곤욕을 치르는 것을 보고도 내가 그런

일을 하려 한다면, 그런 일을 해보고 싶다는 걷잡을 수 없는 욕구 에 꼼짝없이 사로잡혀야겠지요.

방문객 자네 생각이 그렇다면 자네와 나는 제외하기로 하세. 그러나 누군가 그럴 수 있는 사람을 만날 때까지는 소피스트가 비열하기 짝이 없게도 접근할 통로가 없는 은신처로 숨어버렸다고 말하기로 하세.

테아이테토스 아닌 게 아니라 정말 그런 것 같아요.

방문객 그래서 우리가 그가 가진 것은 환영을 만드는 기술이라고 말하면, 그는 쉽게 우리의 말꼬리를 물고 늘어지며 오히려 우리가 d
한 말로 우리를 역공할 걸세. 우리가 그를 모상 제작자라고 부를 때마다, 그는 우리가 말하는 모상이란 게 도대체 무엇이냐고 따질 거라는 말일세. 그러니 테아이테토스, 우리는 이 당돌한 젊은이의 질문에 뭐라고 대답할지 자문해봐야 하네.

테아이테토스 우리는 분명 우리가 말하는 것은 물이나 거울에 비친 모상들과 거기에 더하여 그려진 것들과 조각된 것들과 그 밖에 그런 것들 모두라고 말하겠지요.

방문객 테아이테토스, 자네는 분명 소피스트를 본 적이 없는 것 e
같구먼.

테아이테토스 어째서요?

85 to.
86 auto.

방문객 그렇게 하면 자네에게 그는 눈을 감고 있거나 눈이 없는 사람처럼 보일 것이네.

테아이테토스 무슨 말씀이신지요?

방문객 자네가 그런 식으로 대답하며 거울에 비친 것이나 조각품을 들먹이면, 그에게도 눈이 있는 것처럼 자네가 말할 때마다 그는

240a 자네를 비웃을 걸세. 그는 거울도 물도 시각(視覺)조차 모르는 체하며 자네의 말에서 추론된 것만을 자네에게 물을 걸세.

테아이테토스 그게 어떤 질문인데요?

방문객 자네가 여럿이라고 생각하면서도 그것들이 하나인 양 '모상'이라는 하나의 이름으로 부르는 것이 타당하다고 생각하는 모든 대상의 공통된 특징을 물을 거라는 말일세. 그러니 자네는 그것을 말하며 자네를 지키고, 그자 앞에서 한 치도 물러서지 말게.

테아이테토스 손님, 우리는 모상을 '진짜와 같게 만들어진 다른 것'이라고밖에 달리 무어라고 말할 수 있겠어요?

b **방문객** '같게'라니, 그것은 다른 진짜란 말인가? 아니면 '같게'가 무슨 뜻인가?

테아이테토스 진짜가 아니라, 진짜와 비슷한 것이라는 뜻이지요.

방문객 그렇다면 진짜란 실제로 존재하는 것[87]이라는 뜻인가?

테아이테토스 그래요.

방문객 어떤가? 진짜가 아닌 것은 진짜의 반대인가?

테아이테토스 물론이지요.

방문객 그렇다면 자네가 말하는 비슷한 것이란 실제로 존재하지

않는 것을 뜻하겠구먼. 만약 그것이 자네 말처럼 진짜가 아니라면 말일세.

테아이테토스 하지만 그것은 어떤 의미에서는 존재해요.

방문객 정말로 존재하는 것은 아닐세. 자네 주장에 따르면.

테아이테토스 정말로 존재하지는 않아요. 실제로 닮았을 뿐이지요.

방문객 그렇다면 그것은 실제로 존재하는 것이 아니라, 실제로는 우리가 닮은 것이라고 부르는 것이겠구먼. c

테아이테토스 존재하지 않는 것이 존재하는 것과 이렇게 복잡하게 얽히고설키다니, 정말 괴이한 일이군요.

방문객 어찌 괴이하지 않겠는가? 자네도 보다시피, 머리가 여럿인[88] 소피스트는 이런 식의 바꿔치기를 통해 우리가 원하지 않는데도 존재하지 않는 것이 어떤 의미에서는 존재한다고 인정하도록 강요했으니 말일세.

테아이테토스 나도 분명히 보고 있어요.

방문객 어떤가? 그의 기술을 무엇이라고 정의해야 우리가 논리의 일관성을 유지할 수 있을까?

테아이테토스 어떤 의미에서, 무엇이 두려워서 그런 말씀을 하시는 거죠? d

방문객 우리가 그는 환영으로 우리를 속이며 그의 기술은 일종의

87 ontos on.

88 영웅 헤라클레스(Herakles)가 퇴치한 괴물 뱀 휘드라(Hydra)처럼.

사기술[89]이라고 말할 때, 우리는 그 기술 탓에 우리 혼이 거짓을 믿게 되기 때문이라고 주장할 텐가, 아니면 무슨 말을 할 텐가?

테아이테토스 그렇게 말하겠어요. 달리 다른 할 말이 있나요?

방문객 그리고 거짓 믿음[90]이란 존재하는 것들과 상반되는 것들을 믿는 것이겠지? 동의하는가?

테아이테토스 그렇죠. 상반되는 것들을 믿는 것이죠.

방문객 그렇다면 거짓 믿음이란 존재하지 않는 것을 믿는 것이라는 말인가?

테아이테토스 당연하죠.

e **방문객** 거짓 믿음은 존재하지 않는 것들을 존재하지 않는다고 믿는가, 아니면 결코 존재하지 않는 것들을 어떤 의미에서는 존재한다고 믿는가?

테아이테토스 존재하지 않는 것들이 어떤 의미에서는 존재한다고 믿을 수밖에 없겠지요. 만약 누군가의 생각에 조금이라도 거짓이 있다면 말예요.

방문객 어떤가? 또한 거짓 믿음은 확실히 존재하는 것들을 결코 존재하지 않는다고도 믿지 않을까?

테아이테토스 그렇겠지요.

방문객 이 역시 거짓이겠지?

테아이테토스 그 역시 거짓이에요.

방문객 그렇다면 아마 말[語]도 거짓으로 간주될 걸세. 만약 존재
241a 하는 것들을 존재하지 않는다고 말하고 존재하지 않는 것들을 존

재한다고 말한다면 말일세.

테아이테토스 그런 말이 어떻게 다른 방법으로 거짓일 수 있겠어요?

방문객 다른 방법으로는 그럴 수 없겠지. 물론 소피스트는 그렇다고 인정하지 않겠지. 하기야 지각 있는 사람이라면 어떻게 우리가 앞서 동의한 것들이 더 보강된[91] 지금 어떻게 그걸 받아들일 수 있겠나? 테아이테토스, 자네는 그가 무슨 말을 하고 있는지 알겠는가?

테아이테토스 물론 알지요. 우리가 믿음과 말에 거짓이 있다고 감히 말하면, 그는 앞서 말한 것과 모순되는 말을 한다고 말하겠지요. 우리는 그런 결합이 전적으로 불가능하다는 것에 방금 동의했 b 음에도 존재하지 않는 것에 존재하는 것을 자꾸 덧붙이지 않을 수 없을 테니까요.

방문객 정확하게 기억하고 있구먼. 하지만 이제는 우리가 소피스트를 어떻게 대해야 할지 결정할 때가 된 것 같네. 우리가 계속 사기꾼[92]들이나 요술쟁이들의 부류에서 그를 찾으려 한다면, 자네도 보다시피 그는 쉽게 반론을 제기하며 우리에게 수많은 어려움을 안겨줄 테니 말일세.

89 apatetike.
90 pseudes doxa.
91 237a~238c가 238d~239c에 의해 보강되었다는 뜻이다.
92 pseudourgos.

테아이테토스 그렇고말고요.

방문객 사실 우리는 그런 반론의 작은 일부만 고찰했네. 그런 반론은 한도 없고 끝도 없으니까.

c **테아이테토스** 사정이 그렇다면 소피스트를 붙잡기란 불가능해 보이네요.

방문객 어떤가? 그렇다면 우리가 용기를 잃고 이제는 포기하자는 말인가?

테아이테토스 그래서는 안 되겠지요. 어떻게든 우리가 그를 잡을 가능성이 조금이라도 있다면 말예요.

방문객 그렇다면 만약 우리가 어떻게든 그의 강력한 논박에서 조금이라도 벗어난다면, 자네는 나를 용서하고 방금 자네가 말했듯이 만족하겠는가?

테아이테토스 물론이지요.

d **방문객** 그렇다면 나는 자네에게 한 가지 더 부탁할 게 있네.

테아이테토스 어떤 부탁이죠?

방문객 내가 친부 살해자가 된 것으로 생각하지 말아달라는 걸세.

테아이테토스 무슨 말씀이신지요?

방문객 우리는 자신을 방어하기 위해 아버지 파르메니데스의 말씀을 검토해야 할 텐데, 그 과정에서 어쩔 수 없이 존재하지 않는 것이 어떤 의미에서는 존재한다고도, 역으로 존재하는 것이 어떤 의미에서는 존재하지 않는다고도 주장하지 않을 수 없을 걸세.

테아이테토스 분명 그런 식의 말다툼은 피할 수 없겠지요.

방문객 그래, 그것은 속담의 표현처럼 장님도 볼 수 있을 만큼 분
명하지. 그리고 이런 문제들이 논박당하거나 받아들여지지 않는 e
다면, 거짓말이나 거짓 믿음이나 모상이나 닮은꼴이나 모방물이
나 환영이나 그런 것들과 관계있는 기술들에 관해 말하는 사람은
어쩔 수 없이 앞뒤가 맞지 않는 말을 하여 웃음거리가 되지 않을
수 없을 걸세.

테아이테토스 지당하신 말씀이에요.

방문객 그래서 우리는 감히 아버지의 말씀을 논박해야 하는 걸세. 242a
그렇게 하기를 망설인다면 우리는 전체를 포기해야 하네.

테아이테토스 우리는 무슨 일이 있어도 그렇게 하기를 망설여서는 안 되죠.

방문객 나는 자네에게 세 번째로 작은 청이 있네.

테아이테토스 말씀하세요.

방문객 조금 전 나는 파르메니데스의 말씀을 논박하기가 항상 망설여진다고 말했는데, 이번에도 그 점은 마찬가지일세.

테아이테토스 네, 그대는 그렇게 말씀하셨지요.

방문객 나는 자네가 조금 전 내가 한 말을 들었으니 내가 그때그때
마음을 바꾼다고 나를 정신 나간 사람이라고 생각할까 두렵네.
우리가 파르메니데스의 말씀을 논박하려 하는 것은 자네를 위해 b
서일세. 우리가 그분의 말씀을 논박할 수 있다면 말일세.

테아이테토스 단언컨대 그대가 논박과 증명을 시작하면 나는 결코 그대가 주제넘은 짓을 한다고 생각하지 않을 테니 자, 그대는 자신

감을 갖고 진행하세요.

방문객 자, 이 위험한 논의를 어떻게 시작할까? 젊은이, 내 생각에 우리는 어쩔수 없이 다음과 같은 길을 가야 할 것 같네.

테아이테토스 그게 어떤 길이죠?

방문객 지금 자명한 것으로 보이는 것들을 먼저 고찰하는 걸세.
c 우리가 그런 것들에 관해 어떤 의미에서 혼란에 빠져 너무 쉽게 우리 판단이 옳다는 결론에 이르지 않도록 말일세.

테아이테토스 무슨 말씀인지 자세히 설명해주세요.

방문객 내 생각에 파르메니데스와 그 밖에 존재하는 것들의 수와 성질을 규정하려고 했던 사람은 모두 우리에게 너무 부주의하게 말한 듯하네.

테아이테토스 어째서 그렇지요?

방문객 그들은 우리가 어린아이인 양 저마다 일종의 신화를 들려주는 것 같네. 그중 한 사람에 따르면, 존재하는 것은 셋인데 그것
d 들이 어떤 때는 서로 전쟁을 하지만 어떤 때는 사이가 좋아져 결혼을 하고 출산을 하여 자식들을 양육한대. 다른 사람에 따르면 존재하는 것은 둘인데, 습한 것과 마른 것 또는 더운 것과 찬 것이 그것이래. 그는 이들을 결혼시켜 함께 가정을 이루게 하지. 그러나 우리 엘레아[93] 사람들은 모든 것은 이름은 여럿이지만 본성은 하나라고 말하는데, 그들의 이런 신화는 크세노파네스[94]로, 아니 그 이전으로 거슬러 올라가지. 그러나 나중에는 몇몇 이오니아 무사 여신들[95]과 몇몇 시켈리아 무사 여신들[96]이 이 두 가지 이야기

를 한데 묶어 존재하는 것은 여럿이자 하나이며 미움과 사랑으로 e
결합되어 있다고 말하는 것이 가장 안전하다는 것을 알아냈지. 이들 가운데 더 엄격한 무사 여신들[97]은 존재하는 것들은 서로 갈라짐으로써 서로 모인다고 말하고, 더 부드러운 무사 여신들[98]은 존재하는 것들은 늘 그런 상태에 있어야 한다는 규칙을 완화해주며
우주가 때로는 사랑[99]에 의해 하나이자 사이가 좋고, 때로는 모종 243a
의 불화[100]에 의해 여럿이자 그 자체와 싸운다고 말하니 말일세. 하지만 이 모든 것과 관련하여 그들 중 누가 진리를 말했는지의 여부를 가리기란 쉬운 일이 아닐세. 더구나 유명한 옛사람들을 그토록 심하게 비난하는 것은 적절하지 못할 걸세. 그러나 다음과 같은 말을 하는 것은 무례한 짓이 아닐 걸세.

테아이테토스 그게 무엇이죠?

방문객 그들은 우리 같은 범인(凡人)들을 너무 무시하고 얕잡아

93 엘레아(Elea 라/Velia)는 남이탈리아의 도시이다.

94 크세노파네스(Xenophanes)는 기원전 6세기 소아시아 이오니아(Ionia) 지방의 콜로폰(Kolophon)에서 태어난 철학자로 이른바 엘레아학파의 창시자이다.

95 철학자 헤라클레이토스(Herakleitos)와 그의 추종자들.

96 철학자 엠페도클레스(Empedokles)와 그의 추종자들. 시켈리아(Sikelia)는 시칠리아의 그리스어 이름이다.

97 이오니아의 무사 여신들.

98 시칠리아의 무사 여신들.

99 Aphrodite.

100 neikos.

보았다는 것 말일세. 그들은 자신들이 말할 때 우리가 따라가
b 든 뒤처지든 아랑곳하지 않고 저마다 나름대로의 결론에 도달
하니까.

테아이테토스 무슨 말씀이신지요?

방문객 그들 중 누가 논의에서 여럿 또는 하나가 또는 둘이 존재한다거나 생겼다거나 생기고 있다는 표현을 사용하거나, 그들 중 다른 사람이 더운 것이 찬 것과 섞여 있다고 말하며 분리와 결합이 존재한다고 가정한다면, 테아이테토스, 자네는 그들이 도대체 무슨 말을 하는지 한 마디라도 알아듣겠는가? 나는 젊었을 적에는 누군가 지금 우리를 혼란에 빠뜨리는 것, 곧 존재하지 않는 것을 말할 때마다 그것을 잘 안다고 생각했었지. 그러나 지금은 자네도 보다시피 우리는 그 때문에 난관에 봉착해 있다네.

c **테아이테토스** 네, 나도 보고 있어요.

방문객 그러나 존재하는 것과 관련해서도 우리 마음은 아마도 같은 상태에 있는 듯하네. 우리는 존재하지 않는 것과 관련해서는 난관에 봉착해도 누가 존재하는 것을 말하면 어렵지 않게 이해한다고 생각하지만, 사실은 둘 다 똑같이 모르는 것 같으니 말일세.

테아이테토스 그런 것 같아요.

방문객 우리는 조금 전에 사용한 표현들과 관련해서도 같은 말을 할 수 있을 걸세.

테아이테토스 물론이지요.

방문객 그런 표현들의 대부분을 우리는 나중에 고찰할 걸세, 자네

만 좋다면 말일세. 지금은 가장 중요하고 으뜸가는 것을 고찰해야 d 하니까.

테아이테토스 무슨 말씀이신지요? 그대의 말씀은 분명 우리가 먼저 탐구해야 할 것은 존재하는 것이며, 그것을 말한 사람들이 그것으로써 지시하는 것이 무엇인지 물어야 한다는 뜻인 것 같습니다만.

방문객 테아이테토스, 자네는 내 말뜻을 정확히 이해하는구먼. 마치 그런 철학자들이 우리 면전에 있는 것처럼 우리가 그들에게 다음과 같이 묻는 것이 올바른 방법이라고 나는 생각하니까. "자, 만물은 더운 것과 찬 것 또는 그 밖의 어떤 두 가지라고 주장하는 여러분! 여러분은 그것들이 둘 다 또는 각각 존재한다고 말할 때 그 e 둘과 관련하여 대체 무슨 말을 하는 거요? 우리는 여러분의 '존재한다'는 그 말을 어떻게 이해해야 하나요? 그 두 가지 아닌 세 번째 것이 있어, 우리는 여러분을 따라 만물은 두 가지가 아니라 세 가지라고 생각해야 하나요? 여러분이 그 둘 중 어느 하나가 존재한다고 말하면서 둘 다 존재한다고 말할 수는 분명 없을 테니까요. 그렇게 하면 어느 경우에나 둘은 하나이지 둘이 아니니까요."[101]

테아이테토스 옳은 말씀이에요.

방문객 "하지만 여러분은 그것들이 둘 다 존재한다고 부르기를 원

101 자네가 그중 하나만 존재한다고 말하든 둘 다 존재한다고 말하든, 그것들은 둘 다 하나, 즉 '존재하는 것'이라는 뜻인 듯하다.

하시오?"

테아이테토스 아마도 그렇겠지요.

244a **방문객** "하지만 친구들이여," 하고 우리는 대답할 걸세. "그래도 여러분은 분명 그 둘은 하나라고 말하게 될 거요."

테아이테토스 지당하신 말씀이에요.

방문객 "그러니, 자, 우리가 난관에 봉착했으니 여러분은 '존재하는 것'이라고 말할 때마다 그런 표현으로 무엇을 지시하려는 것인지 우리에게 분명하게 밝혀주세요. 여러분은 분명 오래전부터 그것을 알고 있었고, 우리는 전에는 안다고 생각했지만 지금은 난관에 봉착했으니까요. 그러니 먼저 그 점부터 가르쳐주세요. 우리가 사실은 여러분이 한 말을 전혀 이해하지 못하면서도 이해한다고
b 착각하지 않도록 말예요." 우리가 이들 이원론자(二元論者)들이나 다원론자들에게 그렇게 물으며 답변을 요구하는 것은, 젊은이여, 결코 무례한 짓이 아니겠지?

테아이테토스 아니고말고요.

방문객 어떤가? 또한 우리는 만물은 하나라고 말하는 사람들에게서 그들이 '존재하는 것'이라는 말로 대체 무엇을 의미하는지 최선을 다해 캐내야 하지 않겠는가?

테아이테토스 물론이지요.

방문객 그러면 그들이 다음 질문에 대답하게 하세. "그렇다면 여러분은 한 가지만이 존재한다고 주장하는 것인가요?" "우리는 그렇다고 주장하오" 하고 그들은 대답할 걸세. 그들은 그렇게 대답

하지 않을까?

테아이테토스 그렇게 대답하겠지요.

방문객 "어떻소? 여러분이 존재한다고 부르는 그 무엇이 있나요?"

테아이테토스 네.

방문객 "그것은 여러분이 하나라고 부르는 바로 그것인가요? 그래 c
서 여러분은 동일한 것에 두 가지 이름을 쓰는 것인가요? 아니면 무엇이지요?"

테아이테토스 손님, 이 질문에 그들은 어떻게 대답할까요?

방문객 테아이테토스, 존재하는 것은 하나라고 전제하는 사람은 그런 질문이나 그 밖의 다른 질문에 답변하기가 분명 그리 쉽지만은 않을 걸세.

테아이테토스 어째서요?

방문객 한 가지만 존재한다고 주장하는 사람이 두 가지 이름이 있다는 데 동의한다면 아마도 웃음거리가 될 걸세.

테아이테토스 왜 아니겠어요?

방문객 또한 어떤 이름이 존재한다고 주장하고 그것을 설명할 수
없을 때는 그런 주장을 곧이곧대로 믿어서는 안 되네. d

테아이테토스 어째서 그렇지요?

방문객 이름이 사물과 다르다고 가정한다면, 그가 언급하는 것은 분명 두 가지일세.

테아이테토스 네.

방문객 한편 이름과 사물이 같은 것이라고 가정한다면, 그는 그것

이 아무것도 아닌 것의 이름이라고 말하지 않을 수 없게 되거나, 또는 그것이 어떤 것의 이름이라고 주장한다면 그 이름은 이름의 이름일 뿐이지 그 외에는 아무것도 아닌 것으로 드러날 걸세.

테아이테토스 그렇고말고요.

방문객 그렇다면 하나는, 하나의 하나이자 이름의 하나일 걸세.

테아이테토스 당연하지요.

방문객 어떤가? 그들은 전체는 존재하는 하나와 다른 것이라고 말할까, 아니면 같은 것이라고 말할까?

e **테아이테토스** 물론 그들은 같은 것이라고 말하겠지요. 또한 실제로 그렇게 말하고 있고요.

방문객 만약 그것이 전체이고, 파르메니데스의 말씀처럼,

> 사방이 보기 좋게 둥글둥글하고 중심에서 어느 쪽으로도
> 균형이 잘 맞는 구체(球體)와 같다면—이쪽이든 저쪽이든
> 그것은 더 커서도 안 되고 더 작아서도 안 되니까—

만약 그렇다면 존재하는 것은 중심과 끝을 갖게 될 것이며, 그런 것들을 갖게 되면 필연적으로 부분들도 갖게 될 걸세. 그렇지 않을까?

테아이테토스 그렇고말고요.

245a **방문객** 하지만 부분들로 나뉜 것이 그 모든 부분에 걸쳐 하나가 가진 속성을 가짐으로써 그런 식으로 하나의 전부이자 하나의 전

체가 되지 말라는 법은 없네.

테아이테토스 없고말고요.

방문객 그러나 그런 특성을 띤 것은 하나 자체가 될 수 없겠지?

테아이테토스 어째서 그렇지요?

방문객 진정한 의미의 하나는 전적으로 부분을 갖지 않는다고 말하는 것이 옳은 설명일 테니까.

테아이테토스 네, 그렇게 말해야겠네요.

방문객 그러나 다른 종류의 하나는 여러 부분을 갖고 있으니 이런 b
설명에 맞지 않을 걸세.

테아이테토스 알겠어요.

방문객 존재하는 것이 이런 식으로 하나가 가진 속성을 갖게 되면 하나이자 전체가 되는가? 아니면 존재하는 것은 어떤 경우에도 전체가 아니라고 말해야 하는가?

테아이테토스 어려운 선택이로군요.

방문객 자네 말이 지당하네. 존재하는 것이 어떤 의미에서 하나의 속성을 갖는다 하더라도 분명 하나와 동일한 것은 아닐 테고, 그렇게 되면 만물은 하나 이상일 테니까.

테아이테토스 맞아요.

방문객 한편 존재하는 것이 하나의 속성을 갖고 있기에 전체가 아 c
니라면, 그리고 전체 자체가 존재한다면, 존재하는 것은 자기 자신에게 미치지 못할 걸세.

테아이테토스 물론이지요.

방문객 그러니 이 논리대로라면 존재하는 것은 자기 자신에게 못 미치기에 존재하는 것이 아닐 걸세.

테아이테토스 그렇지요.

방문객 그리고 만물은 하나 이상이 될 걸세. 존재하는 것과 전체가 저마다 별개의 본성을 가질 테니까.

테아이테토스 맞아요.

방문객 하지만 만약 전체가 아예 존재하지 않는다면, 존재하는 것
d 은 종전과 같은 난관에 봉착하게 될 걸세. 그리하여 존재하는 것은 존재하는 것이 아닐뿐더러 존재하는 것이 될 수도 없을 걸세.

테아이테토스 왜 그런가요?

방문객 생성되는 것은 언제나 전체로서 생성되는 걸세. 따라서 전체를 존재하는 것들에 포함시키지 않는다면 존재도 생성도 실재한다고 말해서는 안 되네.

테아이테토스 전적으로 옳은 말씀인 것 같아요.

방문객 또한 전체가 아닌 것은 양(量)을 가질 수 없네. 일정량을 가진 것은 그 양이 얼마든 간에 필연적으로 그 양의 전체라야 하니까.

테아이테토스 물론이지요.

방문객 그러니까 누가 존재하는 것은 둘 또는 하나뿐이라고 말한다
e 면, 수많은 문제가 제기되어 그에게 엄청난 어려움을 안겨줄 걸세.

테아이테토스 지금 우리에게 슬슬 나타나기 시작한 문제들이 그걸 뒷받침해주고 있어요. 한 가지 문제가 또 다른 문제와 연결되어,

우리가 앞서 말한 것과 관련하여 더 많이 헤매게 하고 더 큰 어려움을 겪게 하니 말예요.

방문객 존재하는 것과 존재하지 않는 것에 관해 더 정확하게 설명한 사람들을 우리가 모두 검토한 것은 아니지만 이 정도로 만족하고, 이번에는 덜 정확하게 설명하는 사람들을 살펴보기로 하세. 이는 우리가 양쪽을 모두 고찰함으로써 존재하는 것을 정의하기가 존재하지 않는 것을 정의하기보다 결코 더 쉽지 않다는 것을 알 246a
기 위해서일세.

테아이테토스 그렇다면 우리는 이들에게로도 나아가야겠네요.

방문객 우리는 존재를 둘러싼 논쟁 때문에 그들 사이에 신들과 기가스족의 전쟁[102] 같은 것이 벌어지고 있는 것을 보게 될 걸세.

테아이테토스 어째서 그렇지요?

방문객 그들 중 한 학파[103]는 말 그대로 바위와 나무를 손으로 움

102 기가스(Gigas 복수형 Gigantes)들은 우라노스(Ouranos)가 아들 크로노스(Kronos)에게 남근이 잘릴 때 그 피가 대지에 쏟아져 잉태된 거한(巨漢)들로, 신과 인간이 동시에 공격해야만 죽일 수 있었다. 엄청나게 힘이 센 데다 다리가 거대한 뱀으로 되어 있는 이 털북숭이 거한들은, 제우스(Zeus)가 티탄 신족을 10년간의 전쟁 끝에 지하 감옥인 타로타로스(Tartaros)에 가두자 대지의 여신 가이아(Gaia)가 이를 원망하여 제우스를 혼내주려고 낳은 괴물들이다. 이들에 관한 전설은 주로 올림포스(Olympos) 신들과의 전쟁(gigantomachia)과 관련이 있다. 올림포스 신들은 처음에 이들에게 고전하지만 제우스와 아테나(Athena)의 분전과 헤라클레스(Herakles)의 도움 덕분에 이들을 제압하는 데 성공한다.

103 레우킵포스(Leukippos)와 데모크리토스(Demokritos)와 그들의 추종자들. 이 유물론자들은 우주에는 원자 말고는 아무것도 없다고 주장했다.

켜잡고는 하늘과 보이지 않는 곳으로부터 모든 것을 대지로 끌어
내린다네. 그들은 그런 것들을 모두 움켜잡고는 만질 수 있고 다
b 룰 수 있는 것만이 존재한다고 고집스레 우기지. 그들은 물체[104]와
존재를 같은 것으로 정의하니까. 그리고 반대파에 속한 사람들 가
운데 누가 몸[105]을 갖지 않은 것도 존재한다고 주장하면, 그들은
그를 완전히 무시하며 그의 말을 더는 들으려 하지 않는다네.

테아이테토스 정말로 무서운 사람들 이야기를 하시는군요. 나도 이미 그런 사람들을 꽤 많이 만났어요.

방문객 그래서 그들의 반대파는 높은 곳으로부터, 보이지 않는 곳
으로부터 자신을 방어하며 진정한 존재는 지성으로 알 수 있는 물
체 없는 형상들[106]이라고 강력하게 주장한다네. 그리고 그들은 유
물론자들이 진리라고 주장하는 물체들을 자신들의 논의로 잘게
c 부수어 그것들은 존재가 아니라 생성과 운동이라고 단언한다네.
테아이테토스, 그래서 두 진영 사이에서는 항상 이런 문제들과 관
련하여 끝없는 논쟁이 벌어지고 있다네.

테아이테토스 맞아요.

방문객 그러면 각 학파에게서 그들이 주장하는 존재란 무엇인지 차례로 설명을 들어보세.

테아이테토스 어떻게 설명을 듣는다는 거죠?

방문객 존재는 형상이라고 주장하는 사람들에게서 설명을 듣기가
더 쉽네. 그들은 온순한 사람들이니까. 그러나 모든 것을 물체 쪽
d 으로 억지로 끌어내리는 사람들에게서 설명을 듣기란 더 어려우

며, 어쩌면 불가능할지도 모르겠네. 내 생각에 우리는 그들을 다음과 같이 다루어야 할 것 같네.

테아이테토스 어떻게요?

방문객 어떻게든 가능하다면 그들을 행동에서 보다 더 훌륭한 사람들로 만드는 것이 상책이겠지. 그러나 그게 불가능하다면 그들을 말에서 보다 더 훌륭한 사람들로 만들기로 하세. 그들이 실제보다 더 기꺼이 토론의 규칙에 맞게 대답하려 한다고 가정하자는 말일세. 보 더 훌륭한 사람들이 동의하는 것은 더 보잘것없는 사람들이 동의하는 것보다 더 권위가 있으니까. 그러나 우리가 그런 사람들에게 관심을 두는 것은 아닐세. 우리가 찾는 것은 오직 진리니까.

테아이테토스 지당하신 말씀이에요. e

방문객 자, 이제 그들이 더 훌륭해졌다고 가정하고 그들에게 답변해주기를 요구하고, 그들이 하는 말을 자네가 통역해주게.

테아이테토스 그럴게요.

방문객 그렇다면 그들은 죽게 마련인 동물 같은 것이 존재한다고 주장하는지 우리에게 말해달라고 하게.

테아이테토스 물론 존재한다고 주장하겠지요.

방문객 그리고 그들은 죽게 마련인 동물이 혼을 가진 몸이라는 데

104 soma.

105 soma.

106 noeta kai asomata eide.

동의하는가?

테아이테토스 물론이지요.

방문객 그렇다면 그들은 혼[107]을 존재하는 것들 중 하나라고 여기겠지?

247a **테아이테토스** 네.

방문객 어떤가? 그들은 어떤 혼은 올바르다고, 어떤 혼은 불의하다고, 또한 어떤 혼은 지혜롭다고, 어떤 혼은 어리석다고 말하지 않는가?

테아이테토스 왜 아니겠어요?

방문객 그들은 또한 어떤 혼이 올바른 것은 그것이 정의[108]를 소유하고 있고 그 안에 정의가 있기 때문이고, 다른 혼이 정반대인 것은 정반대되는 것들을 소유하고 있고 그 안에 정반대되는 것들이 있기 때문이라고 말하지 않는가?

테아이테토스 네, 그들은 거기에도 동의해요.

방문객 그러나 그들은 어떤 것과 함께할 수도 있고 어떤 것에는 없을 수도 있는 것은 어쨌거나 존재한다고 말할 걸세.

테아이테토스 그들은 그렇게 말해요.

b **방문객** 정의와 지혜[109]와 다른 미덕과 그것들과 정반대되는 것들이 있다고 한다면, 그리고 그런 것들이 그 안에 들어 있는 혼이 있다고 한다면, 그들은 그런 것들 가운데 어떤 것은 볼 수 있다거나 만질 수 있다고 말하는가, 아니면 그런 것들은 모두 볼 수 없다고 말하는가?

테아이테토스 그런 것들 가운데 어떤 것을 볼 수 있다고 말하기는 어려울 텐데요.

방문객 어떤가? 그들은 볼 수 없는 것들이 몸을 가지고 있다고 말할까?

테아이테토스 그 질문에 그들은 같은 답변을 하지 않겠지요. 그들은 혼 자체는 몸을 가지는 것 같다고 말하겠지만, 지혜와 그 밖에 그대가 물어본 다른 것들과 관련해서는 그들은 부끄러워서라도 감히 그런 것들은 존재하지 않는다는 데 동의하거나 그런 것들은 c 모두 몸이라고 우기지 못하겠지요.

방문객 테아이테토스, 우리가 말하는 이 사람들은 분명 더 훌륭해졌네. 그들 중 대지에 뿌려진 용의 이빨들에서 태어난 자들[110]은

107 psyche.

108 dikaiosyne.

109 phronesis.

110 카드모스(Kadmos)는 테바이(Thebai) 시의 전설상의 건설자로, 포이니케(Phoinike 라/Phoenicia) 지방에 있는 튀로스(Tyros) 시의 왕 아게노르(Agenor)의 아들이다. 아게노르는 딸 에우로페(Europe 라/Europa)가 황소로 변신한 제우스에게 납치되자 아들 카드모스를 내보내 딸을 찾아오게 한다. 그러나 아폴론(Apollon)이 카드모스에게 누이 찾는 일을 그만두고 암소를 만나거든 그것이 눕는 곳까지 따라가서 그곳에 도시를 세우라고 일러준다. 그래서 암소가 그를 훗날 테바이가 서게 될 곳으로 인도하자, 카드모스는 전우들을 보내 샘에서 제물 바칠 때 쓸 물을 길어오게 하지만 그들은 그 샘을 지키는 용(龍)에게 살해당한다. 그래서 카드모스가 그 용을 죽이고 아테나(Athena) 여신의 지시에 따라 용의 이빨 중 반(半)을 땅에 뿌리자—나머지 반은 나중에 영웅 이아손(Iason)이 황금 양

그렇게 우기기를 부끄러워하기는커녕 손으로 꽉 잡을 수 없는 것은 그 어떤 것도 결코 존재하지 않는다고 끝까지 주장했을 테니 말일세.

테아이테토스 그들의 의도는 대체로 그런 것이겠지요.

방문객 그렇다면 다시 그들에게 물어보세. 아무리 작은 것이라도
d 존재하는 것들에 속하는 어떤 것은 몸을 가지고 있지 않다는 것을 그들이 인정한다면 그것으로 충분하네. 그들이 몸을 가지고 있지 않은 것들과 몸을 가지고 있는 것들이 똑같이 존재한다고 말할 때, 이 두 가지에 공통된 어떤 특성을 염두에 두고 그렇게 말하느냐는 질문에 그들은 답변해야 할 테니까. 아마도 그들은 답변하기가 난처할 걸세. 그렇게 되면 그들은 기꺼이 우리의 제안을 받아들여 존재의 본성은 다음과 같은 것이라는 데 동의할 수도 있을 걸세.

테아이테토스 다음과 같다니 그게 뭐죠? 말씀해주세요. 그러시면 아마 우리도 알게 되겠지요.

e **방문객** 내 말은, 어떤 것이든 다른 것에 영향을 끼칠 수 있거나 아니면 가장 사소한 것에 의해 가장 미미하게 단 한 번이라도 영향을 받을 수 있는 어떤 능력[111]을 가진 것은 모두 실제로 존재한다는 것일세. 나는 존재하는 것들은 그런 능력 외에 다른 어떤 것도 아니라고 정의하니까.

테아이테토스 그들은 당장에는 더 나은 제안을 할 수 없을 테니 그대의 제안을 받아들이겠지요.

방문객 좋아. 나중에는 우리도 그들처럼 생각이 바뀔지도 모르지. 그러나 지금은 우리와 그들이 여기에 동의한 것으로 해두세. 248a

테아이테토스 그러세요.

방문객 이번에는 그들의 반대파인 형상의 친구들에게 가보세. 그들의 주장도 자네가 우리에게 통역해주게.

테아이테토스 그럴게요.

방문객 "여러분은 생성과 존재를 구분하여 둘은 별개의 것이라고 주장하지요? 그렇지 않나요?"

테아이테토스 "네, 맞아요."

방문객 "여러분은 또한 우리가 생성에 관여하는 것은 몸에 의한 감각을 통해서이지만, 실제로 존재하는 것에 관여하는 것은 혼에 의한 사고를 통해서라고 주장해요. 그리고 실제로 존재하는 것은 언제나 같고 불변하지만 생성은 수시로 변한다고 말해요."

테아이테토스 "아닌 게 아니라 우리는 그렇게 말해요." b

방문객 "좋아요. 하지만 여러분은 생성과 존재 모두에 '관여한다'고 말했는데, 우리는 여러분의 그런 표현을 어떤 의미로 받아들여

모피를 구하러 갔다가 콜키스(Kolchis) 땅에 뿌린다—땅속에서 한 무리의 무장한 전사(戰士)들이 올라온다. 카드모스가 그들 사이에 돌을 던지자 그들이 서로 죽이기 시작하고 마지막에는 다섯 명만 남는다. 이 다섯 명의 스파르토이(Spartoi '뿌려진 자들')들이 그를 도와 테바이의 옛 성채인 카드메이아(Kadmeia)를 세우게 되는데, 훗날 이들의 후손들이 테바이의 귀족이 된다.

111 dynamis.

야 하나요? 우리가 조금 전에 정의한 것을 의미하지 않나요?"

테아이테토스 "그게 뭐였지요?"

방문객 "서로 만나는 두 사물들 안에 있는 어떤 능력에 의해 생겨나는 영향 받음과 영향 끼침 말이오." 테아이테토스, 자네는 아마 이에 대한 그들의 답변을 이해하지 못하겠지만 나는 그들에게 익숙한지라 아마 알아들을 수 있을 걸세.

테아이테토스 그들은 뭐라고 답변할까요?

c **방문객** 그들은 존재와 관련하여 우리가 조금 전에 대지에서 태어난 자들에게 말한 것에 동의하지 않을 걸세.

테아이테토스 그게 뭐였지요?

방문객 어떤 사물 안에 행하거나 당할 능력이 조금이라도 있으면 우리는 그것으로 존재를 충분히 정의할 수 있다고 보았지?

테아이테토스 네, 그랬지요.

방문객 그들은 이에 대한 답변으로 "행하거나 당할 능력은 생성에는 관여하지만" 둘 중 어느 능력도 존재에는 적합하지 않다고 말하네.

테아이테토스 그들의 말에 일리가 있지 않나요?

d **방문객** 그렇지. 하지만 우리는 그에 대한 답변으로, 혼은 인식하고 존재는 인식된다는 데 그들이 동의하는지 더 자세히 설명해달라고 요구해야 하네.

테아이테토스 그들은 그렇다고 말해요.

방문객 "어때요? 여러분은 인식함과 인식됨이 행함이라고, 아니면 당함이라고, 아니면 둘 다라고 주장하나요? 아니면 그중 하나는 행함이고 다른 하나는 당함인가요? 그것도 아니면 그중 어느 것도 이 가운데 어느 것에도 관여하지 않나요?"

테아이테토스 분명 "그중 어느 것도 이 가운데 어느 것에도 관여하지 않는다"고 말하겠지요. 그렇지 않다면 그들이 하는 말은 앞뒤가 맞지 않을 테니까요.

방문객 알겠네. 그들은 다음과 같이 말할 걸세. "만약 인식하는 e
것이 행하는 것이라면, 인식되는 것은 필연적으로 당하는 것이 될 거요. 그리고 이런 논리대로라면 존재는 인식하는 행위에 의해 인식되며, 인식되는 만큼 당함에 의해 움직이는데, 이런 일은 단언컨대 정지해 있는 것에는 일어날 수 없지요."

테아이테토스 옳은 말이에요.

방문객 하지만 제우스에 맹세코, 이건 어떤가? 우리는 완전하게 존재하는 것에는 운동도 생명[112]도 혼도 지혜도 없다고 쉽게 납득
할 수 있을까? 우리는 완전한 존재가 생명도 없고 사고하지도 않 249a
는다고, 지성[113]도 없이 근엄하고 순수하게 움직이지 않고 서 있다고 상상할 수 있을까?

테아이테토스 손님, 그럴 경우 우리는 놀라운 것을 인정하는 셈이 될 텐데요.

112 kinesis, zoe.

113 nous.

방문객 하지만 우리는 존재가 지성은 가지고 있어도 생명은 가지고 있지 않다고 말할 수 있을까?

테아이테토스 어떻게 그런 말을 할 수 있겠어요?

방문객 그러나 만약 존재에는 이 두 가지가 다 있다고 말한다면, 존재가 이 두 가지를 담을 혼을 가지고 있다는 것을 부인할 수 있을까?

테아이테토스 다른 어떤 방법으로 존재가 이 두 가지를 담을 수 있겠어요?

방문객 존재가 지성과 생명과 혼을 가지고 있다면, 우리는 살아 있는 것이 꼼짝 않고 서 있다고 말할 수 있을까?

b **테아이테토스** 내가 보기에 그런 것들은 모두 말이 안 되는 것 같아요.

방문객 그렇다면 움직이게 하는 것과 움직이는 것이 존재하는 것들이라고 인정해야겠구먼.

테아이테토스 물론이지요.

방문객 그러니 테아이테토스, 존재하는 것이 모두 움직이지 않는 것이라면 어떤 것에게도, 어떤 것과 관련해서도, 어디에도 지성은 존재할 수 없다는 것이 우리의 결론일세.

테아이테토스 당연하지요.

방문객 그런가 하면 우리가 모든 것이 움직이고 변한다고 인정하면, 이 발언에 의해서도 우리는 존재하는 것들에서 지성을 배제하게 될 걸세.

테아이테토스 어째서 그렇지요?

방문객 자네는 정지[114]가 없다면 늘 같으며 같은 것과 관련하여 같은 상태에 있는 것이 존재할 수 있으리라고 생각하나? c

테아이테토스 아니요.

방문객 어떤가? 자네는 그곳이 어디든 그런 것들 없이 지성이 존재하거나 생성되는 것을 보는가?

테아이테토스 전혀 보지 못해요.

방문객 그러니 지식과 지혜와 지성을 없애버리면서도 무엇인가에 관해 어떤 주장을 하는 자가 있다면, 우리는 모든 논리를 동원해서 그런 자와 싸워야 하네.

테아이테토스 그렇고말고요.

방문객 그런 것들을 누구보다 존중하는 철학자는 그 때문에라도 만물은 하나로서 또는 수많은 형상으로서 정지해 있다고 말하는 사람들의 주장을 받아들여서는 절대 안 될 걸세. 그는 또한 존재 d
하는 것은 이리저리 움직인다고 말하는 사람들의 주장에 귀를 기울여서도 안 되네. 그는 "둘 다 줘요!"라고 보채는 어린아이처럼, 존재와 만물은 움직일 수 있는 것과 움직일 수 없는 것 둘 다로 구성된다고 주장해야 하네.

테아이테토스 지당하신 말씀이에요.

114 stasis.

방문객 어떤가? 우리는 존재를 이미 제대로 파악한 것 같지 않은가?

테아이테토스 그렇고말고요.

방문객 이럴 수가! 테아이테토스, 내 생각에 우리는 존재의 문제를 고찰하는 것이 얼마나 어려운지 이제야 알기 시작한 것 같네그려.

e **테아이테토스** 어째서 그렇지요? 그리고 그게 무슨 말씀이죠?

방문객 여보게, 우리가 보기에는 우리가 뭔가를 말하고 있는 것 같아도 사실은 그것에 관해 지금 아무것도 모르고 있다는 것을 알지 못하겠는가?

테아이테토스 아닌 게 아니라 그런 것도 같네요. 하지만 나는 우리가 어쩌다가 그런 줄도 모르고 그 지경에 이르렀는지 전혀 이해하지 못하겠어요.

방문객 잘 생각해보게. 만약 우리가 거기에 동의한다면, 만물은
250a 뜨거운 것과 차가운 것이라고 주장하는 사람들에게 우리가 제기
한 질문들을 누군가 우리에게도 당연히 제기할 수 있지 않을까?

테아이테토스 어떤 질문들이었지요? 일깨워주세요.

방문객 물론이지. 게다가 나는 그들에게 물었던 것을 자네에게 물음으로써 그렇게 하겠네. 우리가 조금이라도 앞으로 나아갈 수 있도록 말일세.

테아이테토스 옳은 말씀이에요.

방문객 좋았어. 자네는 운동과 정지는 가장 상반된 것이라고 말하지 않나?

테아이테토스 물론 그렇게 말하지요.

방문객 자네가 말하려는 것은 그것들은 둘 다 존재하기도 하고 저마다 존재하기도 한다는 뜻이겠지?

테아이테토스 아닌 게 아니라 나는 그런 뜻으로 말해요. b

방문객 그것들이 존재한다고 자네가 말하는 것은 그것들이 둘 다 또는 저마다 움직인다는 뜻인가?

테아이테토스 아니요.

방문객 그렇다면 그것들이 둘 다 존재한다고 자네가 말하는 것은 그것들이 둘 다 서 있다는 뜻인가?

테아이테토스 물론 그런 뜻도 아니지요.

방문객 그렇다면 자네는 존재를 운동과 정지를 포함하는 제3의 것으로 이해하는가? 그리고 운동과 정지가 둘 다 존재에 관여하는 것을 보고는 그것들이 둘 다 존재한다고 말하는 것인가?

테아이테토스 아닌 게 아니라 우리가 운동과 정지가 존재한다고 c
말할 때는 존재는 제3의 것이라는 예감이 들기도 해요.

방문객 그렇다면 존재하는 것은 운동과 정지의 결합이 아니라 그것들과는 다른 어떤 것일세.

테아이테토스 그런 것 같아요.

방문객 그렇다면 존재하는 것은 그 본성상 서 있지도 않고 움직이지도 않네.

테아이테토스 그럴 것 같은데요.

방문객 그렇다면 존재에 대해 마음속에 확고한 신념을 얻기를 원하는 사람은 대체 생각을 어느 쪽으로 돌려야 도움을 받을 수 있을까?

테아이테토스 어느 쪽으로 돌려야 하나요?

방문객 어느 쪽을 향해도 쉽지 않을 걸세. 어떤 것이 움직이지 않
d 는다면 어떻게 정지할 수 있으며, 어떤 것이 서 있지 않다면 어떻게 움직일 수 있겠나? 그런데 존재하는 것은 방금 이 둘의 영역 밖에 있는 것으로 밝혀졌으니 말일세. 그게 과연 가능할까?

테아이테토스 전혀 불가능해요.

방문객 그렇다면 우리가 반드시 명심해야 할 게 있네.

테아이테토스 그게 뭐죠?

방문객 '존재하지 않는 것'이라는 말을 어디에 적용해야 하느냐는 질문을 받았을 때 우리는 큰 난관에 봉착했었네. 기억나는가?

테아이테토스 물론이지요.

e **방문객** 그런데 지금 우리는 존재하는 것과 관련하여 그에 못지않은 난관에 봉착하지 않았는가?

테아이테토스 손님, 내가 보기에 우리는 더 큰 난관에 봉착한 것 같아요. 그런 말을 해도 된다면.

방문객 난관에 관해서는 이 정도로 설명하면 충분할 테니 이쯤 해두세. 어쨌든 존재하는 것과 존재하지 않는 것은 똑같이 우리에게 어려운 문제인 만큼, 그중 하나가 더 뚜렷하게 또는 덜 뚜렷하게 모습을 드러내면 다른 것도 그렇게 모습을 드러낼 것이라고 예상
251a 해도 좋을 걸세. 하지만 둘 중 어느 것도 볼 수 없다면 우리는 최선을 다해 우리의 논의로써 동시에 둘 사이를 통과할 수 있을 걸세.

테아이테토스 좋은 말씀이에요.

방문객 그렇다면 우리가 어째서 같은 것을 그때그때 여러 가지 이름으로 부르는지 설명해보세.

테아이테토스 이를테면 어떤 거죠? 예를 들어주세요.

방문객 이를테면 우리는 한 사람에 관해서도 그에게 색, 형태, 크기, 악덕, 미덕을 부여함으로써 그를 여러 이름으로 부르네. 이런 경우와 그 밖의 수많은 다른 경우 우리는 그가 인간일 뿐만 아니 b 라 훌륭하다고, 그 밖의 수많은 다른 것이라고 말한다는 거지. 마찬가지로 우리는 그 밖의 다른 것도 모두 하나라고 가정하면서 동시에 여러 이름을 사용함으로써 여럿이라고 말한다네.

테아이테토스 맞아요.

방문객 그것으로 우리는 소년들과 늦깎이 학생이 된 노인들을 위해 잔칫상을 준비한 것 같네. 하나는 여럿일 수 없고 여럿은 하나일 수 없다고 반박하는 것은 누구에게나 쉬운 일일 테니까. 그리고 그들은 우리더러 어떤 사람이 훌륭하다고 말하지 못하게 하고, 훌륭한 것은 훌륭한 것이고 사람은 사람이라고만 말하게 하는 것 c 에 분명 즐거움을 느끼는 듯하네. 테아이테토스, 내 생각에 자네는 그런 일에 열중하는 사람들을 가끔 만나보았을 걸세. 때로는 나이 지긋한 사람들이, 이해력은 빈약하여 그런 것들에 감탄하면서 자기들이 발견한 그런 것이 지혜의 극치라고 생각한다네.

테아이테토스 그렇고말고요.

방문객 그렇다면 존재에 관해 뭔가 말한 적이 있는 사람들은 아무

d 도 논의에서 배제하지 않기 위해, 우리는 이들뿐만 아니라 우리가 전에 대화를 나눈 적이 있는 다른 사람들에게도 물어보기로 하세.

테아이테토스 어떤 것들을 물어본다는 거죠?

방문객 "우리는 운동과 정지에 존재를 덧붙이거나 그 밖의 어떤 것에도 어떤 것을 덧붙이지 말고, 이런 것들은 우리 논의에서는 섞일 수도 없고 서로 관여할 수도 없다고 가정할까? 아니면 우리는 그런 것들을 서로 함께할 수 있는 것들로서 한데 모을까? 아니면
e 어떤 것들은 함께할 수 있고, 어떤 것들은 그럴 수 없는가?" 테아이테토스, 우리는 이 가운데 어느 것을 선택하겠다고 말할까?

테아이테토스 나는 그들을 위해 그런 질문에 답변할 준비가 되어 있지 않은데요.

방문객 그럼 왜 그런 질문들 하나하나에 답변하며 그 결과를 하나하나 숙고해보지 않는가?

테아이테토스 좋은 말씀이에요.

방문객 자네만 좋다면 먼저 어떤 것도 어떤 것에 어떤 점에서도 관여할 수 없다고 그들이 주장하는 것으로 가정하세. "그럴 경우 운동과 정지는 결코 존재에 관여할 수 없겠지?"

252a **테아이테토스** "없고말고요."

방문객 "어떤가? 그중 어느 것이든 존재에 관여하지 않는다면 존재하게 될까?"

테아이테토스 "존재하지 않겠지요."

방문객 거기에 동의하면 우주는 움직이고 있다는 주장이나, 우주

는 정지해 있다는 주장이나, 존재하는 것들은 모든 점에서 언제나 동일한 형상 속에 존재한다는 주장이나, 모든 게 한꺼번에 뒤집힐 것 같네. 그들 중 어떤 사람들은 만물이 운동함으로써 존재한다고 말하고, 어떤 사람들은 만물이 정지함으로써 존재한다고 말함으로써 그들 모두 '존재한다'[115]는 동사를 덧붙이니 말일세.

테아이테토스 그렇고말고요.

방문객 또한 만물을 어떤 때는 모으고 어떤 때는 나누는 사람들 b
도 있네. 그중 어떤 사람들은 만물을 하나로 만든 다음 하나에서 무한히 많은 것을 만들고, 어떤 사람들은 만물을 일정 수의 요소로 나눈 다음 일정 수의 요소에서 만물을 만들지. 이런 두 과정이 번갈아 일어난다고 생각하든 연속된다고 생각하든, 만약 혼합[116] 같은 것이 없다면 그들의 이 이론들은 무의미할 걸세.

테아이테토스 옳은 말씀이에요.

방문객 또한 다른 것의 영향을 받는데도 다른 것의 이름을 부르지 못하게 하는 사람들도 있는데, 이들은 가장 가소로운 방법으로 논의를 전개하는 자들일세.

테아이테토스 어째서 그렇지요? c

방문객 그들은 아마 모든 것과 관련하여 '존재하다' '따로' '다른 것

115 einai.

116 symmeixis. 형상들의 혼합.

들로부터' '그 자체로'[117] 와 그 밖에 수천 가지 다른 표현을 사용할 수밖에 없네. 그리고 그들은 이런 표현들을 멀리할 수도 없고 말할 때 제대로 결합시킬 수도 없다고 해서 남들이 반박하기를 기다릴 필요가 없네. 적 또는 반대자는 사람들 말마따나 내부에 있기 때문에, 그들은 어디로 가든 자신들에게 반박하도록 저 이상한 에우뤼클레스[118] 같은 복화술사(複話術師)를 뱃속에 품고 다니니까.

d **테아이테토스** 맞아요. 정말 그럴듯한 비유를 드시는군요.

방문객 어떤가, 만물은 서로 결합할 수 있다고 우리가 인정한다면?

테아이테토스 그 정도는 나도 해결할 수 있어요.

방문객 어떻게?

테아이테토스 운동과 정지가 서로에게 덧붙여진다면, 운동은 완전히 정지하고 반대로 정지는 다시 움직일 테니까요.

방문객 그렇지만 운동이 정지하고 정지가 움직인다는 것은 절대로 불가능하지 않은가?

테아이테토스 물론이지요.

방문객 그렇다면 세 번째 가설만 남아 있네.

테아이테토스 네.

e **방문객** 그렇다면 필연적으로 다음 셋 중 하나가 맞을 걸세. 모든 것이 섞이려 하거나, 아무것도 섞이려 하지 않거나, 어떤 것은 섞이려 하고 어떤 것은 섞이려 하지 않거나.

테아이테토스 물론이지요.

방문객 하지만 처음 두 가설은 불가능하다는 것이 밝혀졌네.

테아이테토스 네.

방문객 그렇다면 정답을 맞히려는 사람은 누구나 셋 중 나머지 가설을 택할 걸세.

테아이테토스 물론이지요.

방문객 어떤 것은 섞이려 하고 어떤 것은 섞이려 하지 않는 것은 문 253a
자들의 경우와 대동소이하겠구먼. 문자들도 어떤 것은 서로 어울리고 어떤 것은 그렇지 않으니까.

테아이테토스 왜 아니겠어요?

방문객 특히 모음은 끈처럼 다른 문자들을 모두 관통하기 때문에, 모음 없이 다른 문자들이 서로 어울린다는 것은 불가능하네.

테아이테토스 그렇고말고요.

방문객 그런데 어떤 문자가 어떤 문자와 결합할 수 있는지 누구나 다 아는가, 아니면 누가 이것을 제대로 판단하려면 기술이 필요한가?

테아이테토스 기술이 필요해요.

방문객 어떤 기술이 필요하지?

테아이테토스 문법 기술[119]이 필요해요.

117 'einai', 'choris', 'ton allon', 'kath' auto'.

118 에우뤼클레스(Eurykles)는 기원전 5세기에 활동한 복화술사이자 예언자이다. 아리스토파네스(Aristophanes)의 희극『벌』*(Sphekes)* 1017~1020행 참조.

119 grammatike. 읽기와 쓰기 기술.

b **방문객** 어떤가? 이는 고음과 저음의 경우도 마찬가지 아닌가? 어떤 음들이 서로 섞이고 어떤 음들이 서로 섞이지 않는지 아는 기술을 가진 사람은 음악가이고, 그것을 모르는 사람은 음악가가 아니겠지?

테아이테토스 그렇지요.

방문객 우리는 다른 모든 기술과 기술 부족[120]에서도 같은 종류의 차이점을 발견하게 될 걸세.

테아이테토스 왜 아니겠어요?

방문객 어떤가? 우리는 유(類)[121]들도 그와 마찬가지로 어떤 것들은 서로 섞일 수 있고 어떤 것들은 그럴 수 없다는 데 동의했네. 그러니 어떤 유들이 어떤 유들과 조화를 이루고 어떤 유들이 다른 유들을 받아들이지 않는지 제대로 보여주려는 사람은 반드시 어
c 떤 지식을 갖고 논의를 전개해야 하지 않을까? 그는 또한 전체 유들을 관통하며 그것들이 서로 섞일 수 있도록 결합해주는 어떤 유들이 있는지, 그리고 분리[122]의 경우에도 전체를 관통하며 분리의 원인이 되는 어떤 유들이 있는지 알아야 하지 않을까?

테아이테토스 물론 지식이 필요하겠지요. 그것도 아마 가장 중요한 지식 말예요.

방문객 테아이테토스, 우리는 그 지식을 무엇이라고 부를까? 제우스에 맹세코, 우리는 그런 줄도 모르고 자유민의 지식과 마주치게 된 것인가? 그리하여 우리는 소피스트를 찾으려다가 혹시 철학자[123]를 발견하게 된 것인가?

테아이테토스 무슨 말씀이신지요?

방문객 사물들을 유에 따라 나누되 같은 것을 다른 것이라고, 다른 것을 같은 것이라고 생각하지 않는 것을 우리는 변증술[124]의 지식이라고 말하지 않는가? d

테아이테토스 네, 우리는 그렇게 말해요.

방문객 그렇다면 제대로 나눌 수 있는 사람이라면 하나의 형상[125]이 흩어져 있는 다수를 관통하고 있는 것과 다수의 다른 형상이 하나의 형상에 포함되어 있는 것을 분명히 볼 수 있을 걸세. 그는 또한 하나의 형상이 다수의 전체를 관통하여 하나로 통합되어 있는 것과 다수의 형상들이 서로 완전히 분리되어 있는 것을 분명히 볼 수 있을 텐데, 이는 곧 유들이 저마다 어떻게 서로 함께할 수 있고 e
어떻게 그럴 수 없는지 유에 따라 구분할 줄 아는 것을 의미하네.

테아이테토스 전적으로 동의해요.

방문객 그런데 내 생각에 자네는 순수하고 올바르게 철학을 하는 사람 말고는 어느 누구에게도 변증술을 맡기지 않을 것 같네.

테아이테토스 어떻게 철학자 말고 다른 사람에게 맡길 수 있겠어요?

120 atechnia.
121 genos.
122 diairesis.
123 philosophos.
124 dialektike.
125 idea.

방문객 그러면 우리는 지금이든 나중이든 그런 영역에서 철학자
254a 를 발견하게 될 걸세. 우리가 철학자를 찾는다면 말일세. 그리고 철학자 역시 뚜렷하게 보기는 어렵지만 그 이유는 소피스트의 경우와는 다르다네.

테아이테토스 어째서 그런가요?

방문객 존재하지 않는 것의 어둠 속으로 도망치는 소피스트는 요령이 생겨 어둠에 익숙하다네. 그래서 어두운 그곳에서 그를 알아보기가 쉽지 않네. 그렇지 않은가?

테아이테토스 그런 것 같아요.

방문객 그러나 철학자는 언제나 추론을 통해 존재하는 것의 형상 근처에 머무르는데, 그곳이 너무 밝아서 그를 보기가 쉽지 않네.
b 대중의 혼의 눈은 신적인 것을 응시하는 일을 감당할 수 없으니까.

테아이테토스 이번 말씀도 아까 말씀 못지않게 사실인 것 같아요.

방문객 철학자에 관해서는 곧 더 분명하게 살펴볼 걸세. 우리가 원한다면 말일세. 그러나 소피스트는 우리가 충분히 관찰하기 전에는 분명 놓아주어서는 안 되네.

테아이테토스 좋은 말씀이에요.

방문객 우리는 어떤 유들은 다른 유들과 함께하기를 원하지만 어떤 유들은 그렇지 않다는 데, 어떤 유들은 소수와 그렇게 하고 어떤 유들은 다수와 그렇게 한다는 데, 그것들 모두를 관통하는 어
c 떤 유들이 그것들 모두와 함께하지 못하게 방해할 것은 아무것도 없다는 데 동의했으니, 이번에는 다음과 같이 논의를 진행하기로

하세. 우리는 너무 많아서 혼란스럽지 않도록, 모든 형상을 고찰할 것이 아니라 그중 가장 중요하다고 인정되는 것들을 선별하여 첫째, 그것들이 각각 어떤 것인지, 둘째, 그것들이 다른 것들과 결합할 수 있는 능력이 어느 정도인지 살펴볼 걸세. 그렇게 하면 우리가 비록 존재하는 것과 존재하지 않는 것을 더할 나위 없이 명백하게 파악하지는 못해도, 적어도 지금의 탐구 조건이 허용하는 범위 안에서는 그것들을 충분히 설명할 수 있을 걸세. 또한 우리가 d
사실은 존재하지 않는 것이 존재한다고 감히 말해도 무사히 빠져나올 수 있을지 볼 걸세.

테아이테토스 당연히 그래야지요.

방문객 우리가 조금 전에 검토한 유들 중에서는 존재하는 것 자체와 정지와 운동이 가장 중요하네.

테아이테토스 가장 중요하고말고요.

방문객 그리고 그중에서 둘은 서로 섞일 수 없다는 것이 우리의 주장일세.

테아이테토스 물론이지요.

방문객 그러나 존재하는 것은 이 둘 모두와 섞일 수 있네. 이 둘은 모두 존재하니까.

테아이테토스 물론이지요.

방문객 그렇다면 그것들은 셋이 되겠구먼.

테아이테토스 왜 아니겠어요?

방문객 그것들은 각각 나머지 둘과는 다르지만 그 자체와는 같네.

e **테아이테토스** 그렇지요.

방문객 하지만 방금 우리가 말한 '같은 것'과 '다른 것'이란 무엇을 의미하는가? 그것들은 셋과는 다른 새로운 두 가지 유이지만 필연적으로 늘 셋과 섞여야 하는가? 그래서 우리는 형상들을 셋이
255a 아니라 모두 다섯으로 봐야 하는가? 아니면 우리는 '같은 것'과 '다른 것'이라고 말하면서 자신도 모르게 처음 셋 중 하나를 그렇게 부르는 것인가?

테아이테토스 그런 것 같은데요.

방문객 그러나 확실히 운동과 정지는 다른 것도 아니고 같은 것도 아닐세.

테아이테토스 어째서죠?

방문객 우리가 운동과 정지에 공통으로 어떤 명칭을 덧붙이든 그 명칭은 이 둘 중 어느 것도 아닐세.

테아이테토스 왜 그렇지요?

방문객 그렇게 하면 운동은 정지하고 정지는 운동하게 될 테니까. 둘 중 어느 하나가 다른 것이 되건 그것은 다른 것이 상반되는 것
b 에 관여하는 이상 다른 것이 제 본성과 상반되는 것으로 변하도록 강요하기 때문이지.

테아이테토스 물론이지요.

방문객 하지만 둘 다 같은 것에도 관여하고 다른 것에도 관여할 걸세.

테아이테토스 네.

방문객 그렇다면 우리는 운동도 정지도 같은 것이거나 다른 것이라고 주장해서는 안 될 걸세.

테아이테토스 안 되고말고요.

방문객 그렇다면 우리는 존재하는 것과 같은 것을 하나로 생각해야 하나?

테아이테토스 아마도 그래야겠지요.

방문객 하지만 존재하는 것과 같은 것이 의미상 차이가 없다면, 우리는 운동과 정지가 둘 다 존재한다고 말함으로써 그것들은 둘 다 c
존재하기에 결국은 같은 것이라고 말하는 셈이 될 걸세.

테아이테토스 하지만 그것은 불가능해요.

방문객 그렇다면 같은 것과 존재하는 것은 하나일 수 없네.

테아이테토스 그건 사실상 불가능하겠지요.

방문객 그렇다면 우리는 세 형상에다 같은 것을 네 번째 형상으로 덧붙일까?

테아이테토스 당연히 그래야겠지요.

방문객 어떤가? 우리는 다른 것이 다섯 번째 형상이라고 말해야 하나? 아니면 다른 것과 존재하는 것은 하나의 유에 대한 두 이름이라고 생각해야 하나?

테아이테토스 아마도 그래야겠지요.

방문객 하지만 내 생각에 자네는 존재하는 것들 가운데 어떤 것들은 그 자체로 존재하고, 어떤 것들은 언제나 다른 것들과의 관계 속에서 존재하는 것으로 말해지는 데 동의하는 것 같네.

테아이테토스 물론이지요.

d **방문객** 그러나 다른 것은 언제나 다른 것과의 관계 속에서 존재한다고 말해지네. 그렇지 않은가?

테아이테토스 그렇지요.

방문객 만약 존재하는 것과 다른 것이 전혀 별개의 것이 아니라면 그런 일은 일어나지 않겠지. 만약 다른 것이 존재하는 것이 그러하듯 절대 존재와 상대 존재라는 두 가지 유 모두에 관여한다면, 다른 것과의 관계 속에서 존재하지 않는 다른 것의 유도 있었을 테니까. 그러나 지금 명백하게 밝혀진 바에 따르면, 다른 것은 무엇이든 필연적으로 다른 것과의 관계 속에서만 다른 것일세.

테아이테토스 말씀하신 그대로예요.

방문객 그렇다면 우리는 다른 것을 우리가 선택한 형상들 가운데
e 다섯 번째라고 말해야 할 걸세.

테아이테토스 네.

방문객 또한 우리는 다른 것이 나머지 모두를 관통한다고 주장할 걸세. 왜냐하면 이들 각각이 나머지 모두와 다른 까닭은 그 자체의 본성 때문이 아니라, 다른 것의 형상에 관여하기 때문이니까.

테아이테토스 물론이지요.

방문객 그럼 다섯 형상을 하나씩 택해 다음과 같이 결론을 내리기로 하세.

테아이테토스 어떤 결론을 내린다는 거죠?

방문객 첫째, 운동은 정지와는 전적으로 다른 것일세. 아니면 무

엇이라고 할까?

테아이테토스 맞아요.

방문객 그러니 운동은 정지가 아닐세.

테아이테토스 아니고말고요.

방문객 하지만 운동은 존재하는 것에 관여하므로 존재하네. 256a

테아이테토스 존재해요.

방문객 운동은 또한 같은 것과는 다르네.

테아이테토스 아마도 그렇겠지요.

방문객 그러니 운동은 같은 것이 아닐세.

테아이테토스 아니고말고요.

방문객 하지만 우리는 모든 것이 같은 것에 관여하기에 운동이 같은 것이라는 데 동의한 바 있네.[126]

테아이테토스 맞아요.

방문객 그렇다면 우리는 운동이 같은 것이자 같은 것이 아니라는 데 망설이지 말고 동의해야 하네. 우리가 운동에 그런 표현들을 사용할 때는 다른 관점에서 그렇게 하는 거니까. 우리가 운동이 b
같은 것이라고 말할 때는 운동이 자신과 관련하여 같은 것에 관여하기 때문일세. 그러나 우리가 운동이 같은 것이 아니라고 말할 때는 운동이 다른 것과 함께하기 때문이네. 이렇게 다른 것과 함께

126 255a 참조.

함으로써 운동은 같은 것에서 분리되어 같은 것이 아니라 다른 것이 된다네. 따라서 운동이 같은 것이 아니라고 말하는 것 역시 옳다네.

테아이테토스 물론이지요.

방문객 그렇다면 운동 자체가 어떻게든 정지에 관여한다면 운동이 정지해 있다고 말해도 조금도 이상하지 않겠지?

테아이테토스 지당하신 말씀이에요. 만약 유들 가운데 어떤 것들은 서로 섞이려 하지만 다른 것은 그러지 않는다면 말예요.

c **방문객** 하지만 그 점은 우리가 지금의 논의에 이르기 전에 벌써 증명했고 본성적으로 그럴 수밖에 없다는 것을 보여준 바 있네.[127]

테아이테토스 물론이지요.

방문객 되풀이해서 말하거니와, 운동은 같은 것과 정지와 다르듯이 다른 것과도 다르네.

테아이테토스 당연하지요.

방문객 그러니 우리 논리대로라면 운동은 어떤 점에서는 다른 것이 아니기도 하고 다른 것이기도 하네.

테아이테토스 맞아요.

방문객 그렇다면 다음은 어떤가? 우리는 운동이 처음 세 가지 유
d 와는 다르지만 네 번째 유와는 다르지 않다고 말할까? 우리의 탐구 영역에는 다섯 가지 유가 있다는 데 우리가 동의했으니 말일세.

테아이테토스 어떻게 그럴 수 있겠어요? 유들의 수가 지금 드러난 것보다 더 적다는 데 우리가 동의할 수 없는데 말예요.

방문객 그렇다면 우리는 운동이 존재하는 것과 다른 것이라고 두려워 말고 강력히 주장할까?

테아이테토스 털끝만큼도 두려워 말고 그래야겠지요.

방문객 그렇다면 분명 운동은 실제로 존재하지 않는 것이기도 하고, 존재에 관여하니 존재하는 것이기도 하겠구먼.

테아이테토스 분명 그렇죠.

방문객 그렇다면 운동의 경우뿐만 아니라 모든 다른 유들의 경우, 존재하지 않는 것이 필연적으로 존재할 수 있을 걸세. 다른 것의 본성이 그것들 하나하나를 존재하는 것과 다르게 만들어 존재하 e
지 않는 것으로 만드는 만큼, 우리가 그것들은 모두 그런 의미에서 존재하지 않는 것들이라고 말해도 옳고, 그것들은 모두 존재에 관여하므로 존재하는 것들이라고 말해도 옳을 테니 말일세.

테아이테토스 그런 것 같아요.

방문객 그래서 개개 형상의 경우 존재하는 것도 많지만 존재하지 않는 것은 무수히 많다네.

테아이테토스 그런 것 같아요.

방문객 또한 존재하는 것 자체는 나머지 다른 것들과는 다른 것이 257a
라고 말해야 하네.

테아이테토스 당연하지요.

127 251a~252c 참조.

방문객 그러니 우리가 보기에 존재하는 것은 그 밖의 모든 것이 존재하는 만큼 존재하는 것은 아닐세. 그 밖의 모든 것이 아니기에 존재하는 것 자체는 하나이고, 그 밖의 모든 것은 그 수가 무한히 많아도 존재하는 것은 아니기 때문일세.

테아이테토스 그런 것도 같아요.

방문객 그리고 우리는 이런 결론을 못마땅해할 필요는 없네. 서로 간의 결합을 받아들이는 것이 유들의 본성이니까. 하지만 누가 이를 인정할 수 없다면, 그는 먼저 우리의 이전 결론들을 논한 뒤에 그 후속 결론들을 논해야 할 걸세.

테아이테토스 지당하신 말씀이에요.

b **방문객** 이제 다음 문제를 살펴보기로 하세.

테아이테토스 다음은 뭐죠?

방문객 우리가 '존재하지 않는 것'이라고 말할 때는, 존재하는 것에 반대되는 것이 아니라 단지 존재하는 것과 다른 것을 말하는 듯하네.

테아이테토스 어째서요?

방문객 예를 들어 우리가 어떤 것이 '크지 않다'고 말할 때, 자네가 보기에 우리의 이 표현은 같은 것보다는 작은 것을 가리키는 것 같은가?

테아이테토스 아니요.

방문객 따라서 우리는 부정어(否定語)가 반대되는 것을 뜻한다는 주장에 동의하지 않을 걸세. 우리는 단지 부정어 'me' 또는 'ou'[128]

가 낱말들 앞에 놓이면 그 낱말들과 다른 것, 더 정확히 말해 부정어 다음 낱말들이 의미하는 것들과 다른 것을 지시한다는 데에만 동의할 걸세. c

테아이테토스 전적으로 동의해요.

방문객 다음도 고찰해보세. 자네도 동의한다면 말일세.

테아이테토스 그게 뭐죠?

방문객 내가 보기에 다른 것의 본성은 지식처럼 세분되어 있는 것 같네.

테아이테토스 어째서죠?

방문객 지식도 분명 하나이지만 지식의 각 부분은 특수한 영역에
국한되어 저마다 고유한 명칭을 갖고 있네. 그래서 사람들은 기술 d
도 많고 지식도 많다고 말하는 걸세.

테아이테토스 물론이지요.

방문객 다른 것의 본성의 부분들도 그 점에서는 마찬가지일세. 다른 것의 본성도 하나이지만 말일세.

테아이테토스 아마도 그렇겠지요. 하지만 우리는 이를 어떻게 설명하지요?

방문객 아름다운 것에 반대되는 다른 것의 부분이 있는가?

테아이테토스 있지요.

128 영어의 'non' 또는 'not'에 해당하는 그리스어.

방문객 우리는 그것은 이름이 없다고 할까, 아니면 이름이 있다고 할까?

테아이테토스 이름이 있어요. 우리가 무엇을 '아름답지 않다'고 말하건 그것은 다름 아니라 아름다운 것의 본성과 다른 것이니까요.

방문객 그러면 자, 내게 다음을 말해주게.

e **테아이테토스** 무얼 말인가요?

방문객 아름답지 않은 것이란 바로 존재하는 것들의 어떤 유에서 분리되었지만 또한 존재하는 것들 중 어떤 것들에 반대되는 그런 것이 아닐까?

테아이테토스 그렇지요.

방문객 그렇다면 아름답지 않은 것은 결국 존재하는 것에 대한 존재하는 것의 대립의 일종인 것 같구먼.

테아이테토스 지당하신 말씀이에요.

방문객 어떤가? 이런 논리대로라면 아름다운 것은 존재하는 것들에 더 속하고, 아름답지 않은 것은 존재하는 것들에 덜 속하는가?

테아이테토스 그렇지 않아요.

258a **방문객** 그렇다면 크지 않은 것이나 큰 것 자체나 똑같이 존재한다고 말해야 하나?

테아이테토스 네, 똑같이 존재해요.

방문객 그렇다면 우리는 올바르지 않은 것과 올바른 것의 관계도 같은 것으로 봐야 하지 않을까? 둘 중 어느 것도 다른 것보다 더 존재하는 것은 아니니까.

테아이테토스 물론이지요.

방문객 다른 것들에 대해서도 같은 말을 할 수 있을 걸세. 다른 것의 본성은 실제로 존재하기에 그 본성의 부분들도 그에 못지않게 존재하는 것으로 봐야 하니까.

테아이테토스 왜 아니겠어요?

방문객 그렇다면 다른 것의 부분의 본성과 존재하는 것의 본성의 대립도, 이런 말을 해도 된다면, 존재하는 것 자체 못지않게 존재 b
하는 것 같네. 그리고 그것은 존재하는 것에 반대되는 것이 아니라 존재하는 것과 다른 것을 의미할 뿐이네.

테아이테토스 그 점은 명백해요.

방문객 그러면 우리는 그런 대립을 무엇이라고 부를까?

테아이테토스 그건 분명 존재하지 않는 것이지요. 우리가 소피스트 때문에 찾으려 했던 바로 그거란 말예요.

방문객 그렇다면 그것은 자네 말처럼 어느 것 못지않게 존재하는 것인가? 그래서 우리는 앞으로 존재하지 않는 것은 나름대로 본성을 갖고 있다고 과감하게 말해야 하는가? 그리고 마치 큰 것은 컸 c
고, 아름다운 것은 아름다웠고, 크지 않은 것은 크지 않았고, 아름답지 않은 것은 아름답지 않았듯이, 마찬가지로 우리는 존재하지 않는 것도 존재하지 않는 것이었고 존재하지 않는 것이니, 존재하는 많은 것들 가운데 하나의 형상으로 간주해야 한다고 말해야 하는가? 테아이테토스, 우리는 이에 대해 여전히 어떤 의구심을 품고 있는가?

테아이테토스 아니요.

방문객 그렇다면 자네는 파르메니데스에 대한 우리의 불신이 그분이 금지한 선을 넘어섰다는 것을 알겠는가?

테아이테토스 어째서 그렇지요?

방문객 우리는 계속 앞으로 나아가다가 그분이 탐구하기를 금지한 것 이상을 그분에게 보여주었으니까.

테아이테토스 무슨 말씀이신지요?

d **방문객** 그분은 어딘가에서 이렇게 말씀하시기 때문이지.

> 존재하지 않는 것들이 존재한다고는 결코 입증되지 않으리라.
> 그러니 자네는 사유가 탐구의 이 길로 들어서지 못하게 하라.[129]

테아이테토스 네, 그분은 그렇게 말씀하세요.

방문객 하지만 우리는 존재하지 않는 것들이 존재한다고 입증했을뿐더러 존재하지 않는 것의 형상이 무엇인지도 밝혔네. 다른 것
e 의 본성은 존재할뿐더러 세분되어 상호관계 속에서 존재하는 모든 것에 분산되어 있다는 점을 입증하고 나서, 우리는 다른 것의 본성의 어떤 부분이 존재하는 것에 대립되든 간에 바로 그 부분이 존재하지 않는 것이라고 감히 말했으니 말일세.

테아이테토스 손님, 내 생각에 우리가 한 말은 전적으로 옳았던 것 같은데요.

방문객 그렇다면 어느 누구도 우리가 존재하지 않는 것은 존재하

는 것에 반대된다고 단언하면서도 존재하지 않는 것이 존재한다고
감히 주장한다고 말하지 못하게 하세. 존재하는 것에 반대되는 것
과 관련해서는, 그런 것이 존재하는가 아니면 존재하지 않는가, 정
의할 수 있는가 아니면 전혀 정의할 수 없는가 하는 문제는 우리가 259a
아까[130] 논의하지 않기로 했으니 말일세. 그러나 우리가 방금 존재
하지 않는 것이라고 말한 것과 관련해서는 누가 우리 주장이 틀렸
다고 논박하며 우리를 설득하거나, 그럴 수 없다면 우리 주장을
받아들여야 할 걸세. 우리 주장은 다음과 같네. 유들은 서로 섞인
다. 존재하는 것과 다른 것은 만물을, 그리고 서로를 관통한다. 다
른 것은 존재하는 것에 관여하고 존재하는 것에 관여함으로써 존
재하지만 그것이 관여하는 그 존재가 아니라 그 존재와는 다르며,
존재하는 것과 다르기에 분명 존재하지 않는 것일 수밖에 없다. 또 b
한 존재하는 것은 다른 것에 관여함으로써 여타 유들과 다른 것이
될 것이다. 그리고 존재하는 것은 여타 유들 각각도 아니고 전부
도 아니며 그 자체일 뿐이다. 그래서 존재하는 것은 이론의 여지없
이 수백만 가지가 있는 것이 아니며, 다른 것들도 개별적으로든 전
체적으로든 많은 경우에는 존재하고 많은 경우에는 존재하지 않
는다.

테아이테토스 옳은 말씀이에요.

129 237a 참조.

130 238c 참조.

방문객 그리고 누가 이런 모순들을 믿지 않는다면 이런 모순들을 스스로 연구하여 우리가 방금 말한 것보다 더 나은 것을 말해야
c 하네. 그러지 않고 만약 그가 어려운 것이라도 생각해낸 것처럼 어떤 때는 이쪽으로 어떤 때는 저쪽으로 논의를 끌고 다니기를 즐긴다면, 그는 그렇게 진지하게 대할 가치도 없는 일에 진지했던 것일세. 우리의 지금 논의에 따른다면 말일세. 그것을 발견하는 것은 현명한 일도 어려운 일도 아니니까. 오히려 이런 일이 어렵고도 아름답네.

테아이테토스 그게 뭐죠?

방문객 그것은 우리가 이미 말했던 것일세. 이런 궤변들은 못 들은 척 넘기면서 누가 하는 말을 뒤따라가며 조목조목 반박할 수
d 있는 능력 말일세. 그가 다른 것이 어떤 의미에서는 같다고, 같은 것이 어떤 의미에서는 다르다고 말할 때, 우리는 당연히 그가 어떤 의미에서 그런 말을 하며 어떤 관점에서 사물이 같다거나 다르다고 말하는 것인지 정확히 알아야 하네. 그러나 누가 어떤 의미에서는 같은 것이 다른 것이고, 다른 것이 같은 것이며, 큰 것이 작은 것이고, 비슷한 것이 비슷한 것이 아니라는 것을 보여주는 것은, 그리고 논의 중에 매번 그런 모순들을 제시하며 즐기는 것은 분명 진정한 비판이 아니라, 이제야 존재하는 것들과 접촉하기 시작한 누군가의 갓 태어난 미숙아일세.

테아이테토스 물론이지요.

e **방문객** 그리고 여보게, 모든 것을 모든 것에서 떼어놓으려 시도하

는 것은 부적절할뿐더러 무사 여신과 철학에 정면으로 도전하는 행위일세.

테아이테토스 어째서 그렇지요?

방문객 각각을 전체에서 떼어놓는 것은 모든 말[語][131]의 최종적인 해체일세. 우리가 말을 할 수 있는 것은 형상들의 결합 때문이니까.

테아이테토스 옳은 말이에요.

방문객 그렇다면 알아두게. 우리는 지금 적기에 분리주의자들과 260a
싸우면서 하나의 사물은 다른 사물과 섞인다는 점을 인정하도록 그들에게 강요하고 있는 것이라네.

테아이테토스 무엇을 위해서죠?

방문객 우리의 말이 존재하는 유들 중 하나가 되도록 하기 위해서지. 우리가 말을 빼앗기면 철학을 빼앗기게 되는데, 그거야말로 가장 큰일이니까. 게다가 우리는 지금 말이 무엇인지에 합의해야 하네. 만약 말의 존재를 완전히 빼앗기면 우리는 당연히 더는 말
할 수 없게 될 걸세. 그리고 어떤 것도 다른 어떤 것과 섞이지 않는 b
다고 인정하면 우리는 말의 존재를 빼앗기게 되네.

테아이테토스 맞아요. 하지만 우리가 왜 지금 말이 무엇인지 합의해야 하는지 모르겠네요.

방문객 자네가 이 길로 나를 따라오면 아마 가장 쉽게 이해할 수

131 logos.

있을 걸세.

테아이테토스 그게 어떤 길이지요?

방문객 우리는 존재하지 않는 것이 나머지 유들 가운데 하나로서 존재하는 것들 전체에 분산되어 있다는 것을 밝혀냈네.

테아이테토스 그렇지요.

방문객 그러면 다음에는 존재하지 않는 것이 의견[132]이나 말과 섞이는지 고찰해야 할 걸세.

테아이테토스 왜 그렇지요?

c **방문객** 만약 존재하지 않는 것이 의견이나 말과 섞이지 않는다면 모든 것은 필연적으로 참이지만, 만약 섞인다면 거짓 의견과 거짓 말이 생겨날 걸세. 존재하지 않는 것을 생각하거나 말하는 것은 생각과 말의 영역에서 생기는 거짓이니까.

테아이테토스 그렇지요.

방문객 그리고 거짓이 있는 곳에는 속임[133]이 있네.

테아이테토스 네.

방문객 그리고 속임이 있으면, 모든 것은 모상들과 닮은꼴들과 환영들로 가득 차게 마련일세.

테아이테토스 왜 아니겠어요?

방문객 그런데 우리는 소피스트가 이 영역 어딘가로 피신해와서는 d 거짓이 있을 수 있다는 것을 전적으로 부인했다고 말했네. 존재하지 않는 것은 어떤 식으로도 존재에 관여하지 않는 만큼 어느 누구도 존재하지 않는 것을 생각하거나 말할 수 없다는 이유에서 말일세.

테아이테토스 네, 그는 그렇게 말했어요.

방문객 그러나 이제는 존재하지 않는 것이 존재하는 것에 관여한다는 점이 밝혀졌으니, 소피스트는 아마 더는 이 점을 놓고 다투려 하지 않을 걸세. 그러나 그는 아마 어떤 형상들은 존재하지 않는 것에 관여하지만 어떤 형상들은 관여하지 않는데, 말과 의견은 관여하지 않는 것들에 속한다고 말하겠지. 우리는 그가 모상 제작술과 환영 제작술에 종사한다고 말했지만, 그는 그런 기술들은 아 e
예 존재하지 않는다고 또다시 강변하겠지. 의견과 말은 존재하지 않는 것에 관여하지 않으며 그런 관여가 없으면 거짓은 아예 존재할 수 없다는 이유에서 말일세. 따라서 우리는 먼저 말과 의견과 환영이 무엇인지 탐색해야 할 걸세. 그것들이 나타나면 우리가 그것들이 존재하지 않는 것에 관여한다는 점을 밝혀내고, 그걸 밝혀 261a
냄으로써 거짓이 존재한다는 점을 입증하고, 그걸 입증함으로써 소피스트를 그 안에 가둘 수 있도록 말일세. 만약 소피스트를 붙잡을 수 있다면. 아니면 우리는 그를 놓아주고 다른 유에서 그를 찾을 걸세.

테아이테토스 손님, 우리는 처음에 소피스트는 사냥하기 어려운 족속이라고 말했는데, 그 말은 사실인 것 같군요. 그에게는 수많

132 doxa.

133 apate.

은 방벽이 있어서, 그가 자기 앞에 방벽 중 하나를 치면 우리는 소피스트 자신에게 도달하기 전에 먼저 그 방벽을 통과하기 위해 싸워야 할 것 같으니까요. 조금 전에도 우리가 존재하지 않는 것은 존재할 수 없다는 그의 방벽을 간신히 돌파하자마자 그는 다른 방
b 벽을 쳤고, 그래서 우리는 말과 의견에도 거짓이 있다는 것을 증명해야 하니 말예요. 이 방벽 다음에는 또 다른 방벽이 있을 거고, 그 다음에는 또 다른 방벽이 있어서 한도 끝도 없을 것 같아요.

방문객 테아이테토스, 조금이라도 앞으로 나아갈 수 있다면 기운을 내야지. 왜냐하면 이런 상황에서 자포자기에 빠진다면, 전혀 앞으로 나아갈 수 없거나 도로 뒤로 밀리는 다른 상황에서는 무엇
c 을 할 수 있겠나? 그런 사람은 속담 말처럼 도시를 함락하기 어려울 걸세. 하지만 여보게, 우리는 자네가 말하는 방벽을 돌파한 만큼 가장 큰 방벽은 이미 함락했으니, 나머지는 더 낮아서 함락하기가 더 쉬울 걸세.

테아이테토스 좋은 말씀이에요.

방문객 그렇다면 조금 전에 내가 말했듯이 먼저 말과 의견을 고찰하기로 하세. 존재하지 않는 것이 이 둘과 접촉하는지, 아니면 이것들은 둘 다 전적으로 참이고 둘 중 어느 것도 거짓이 아니라는 점을 우리가 더 명확히 설명할 수 있도록 말일세.

테아이테토스 옳은 말씀이에요.

d **방문객** 그렇다면 자, 우리가 아까 형상들과 문자들에 관해 말한 것[134]과 같은 방식으로 이번에는 낱말들에 관해 고찰해보세. 우리

가 지금 찾는 것은 그 근처에서 나타날 것 같으니까.

테아이테토스 우리는 낱말들에 관한 어떤 질문에 답해야 하나요?

방문객 낱말들은 모두 서로 결합하느냐, 아니면 어떤 것도 서로 결합하지 않느냐, 아니면 어떤 것들은 결합하려 하지만 어떤 것들은 그러지 않느냐 하는 것일세.

테아이테토스 그야 분명 어떤 것들은 결합하려 하지만, 어떤 것들은 그러지 않겠지요.

방문객 자네 말은 아마도 어떤 것을 의미하는 낱말들은 차례차례 말하면 서로 결합하지만, 아무것도 의미하지 않는 낱말들은 연속 e
되어 있어도 결합하지 않는다는 뜻인 것 같구먼.

테아이테토스 무슨 말씀이신지요?

방문객 조금 전 자네가 내 말에 동의했을 때 염두에 두었을 것으로 생각되는 것 말일세. 음성을 통해 존재에 관해 무엇인가를 지시하는 데는 두 가지가 있네.

테아이테토스 어째서 그렇지요?

방문객 한 가지는 명사라 불리고, 다른 것은 동사라고 불리지. 262a

테아이테토스 그 둘이 각각 무엇인지 설명해주세요.

방문객 우리는 행위를 지시하는 것을 동사라고 부르네.

테아이테토스 네.

134 253a 참조.

방문객 반면 음성으로 행위자를 지시하는 것이 명사일세.

테아이테토스 물론이지요.

방문객 따라서 말[135]은 명사만을 잇달아 말한다고 해서 성립되는 것도 아니고, 명사 없이 동사들만을 말한다고 해서 성립되지도 않네.

테아이테토스 그게 무슨 말씀인지 모르겠네요.

b **방문객** 조금 전 자네가 내 말에 동의했을 때 분명 다른 것을 염두에 두고 있었던 것 같구먼. 내가 말하려고 한 바는, 단지 그런 낱말들을 다음과 같이 잇달아 말한다고 말이 성립되는 것은 아니라는 것이었네.

테아이테토스 그게 어떤 식이죠?

방문객 이를테면 '걷는다' '달린다' '잔다'와 그 밖에 행위를 지시하는 모든 다른 동사는, 누가 그것들을 모두 잇달아 말해도 말이 성립되지 않는다네.

테아이테토스 물론이지요.

방문객 또한 누가 '사자' '사슴' '말'과 행위자를 지시하는 다른 낱말
c 들을 말한다 해도, 낱말들을 그런 식으로 연결해서는 말이 성립되지는 않네. 그가 첫 번째 방식 또는 두 번째 방식으로 입 밖에 낸 소리들은 행위도 비(非)행위도 또는 존재하는 것이나 존재하지 않는 것의 존재도 표현하지 못하니까. 그가 동사들을 명사들과 섞기 전에는. 그러나 그가 그렇게 하면 낱말들이 결합하여, 명사와 동사의 최초의 엮임에서 가장 간단한 최초의 말이 생겨난다고 할 수 있을 걸세.

테아이테토스 정확히 무슨 말씀이신지요?

방문객 누가 '사람이 배운다'라고 말하면, 자네는 이것이 가장 작은 최초의 말이라고 말할 텐가?

테아이테토스 네, 나는 그렇게 말할래요. d

방문객 그럴 테지. 그렇게 함으로써 그는 존재하는, 또는 존재하게 되는, 또는 존재하게 된, 또는 존재하게 될 무엇인가에 관해 말하게 될 테니까. 그리고 그는 동사를 명사와 엮음으로써 단지 이름만 말하는 것이 아니라 무엇인가를 한정(限定)한다네. 그래서 우리는 그가 이름만 말하는 것이 아니라 말한다고 했던 것이네. 이러한 엮음이 우리가 '말'이라고 부르는 것이니까.

테아이테토스 옳은 말씀이에요.

방문객 그래서 사물들도 어떤 것들은 서로 결합하고 어떤 것들은 서로 결합하지 않듯이, 음성의 기호들도 어떤 것들은 서로 결합하지 않고 어떤 것들은 서로 결합하여 말을 만들어낸다네. e

테아이테토스 전적으로 동의해요.

방문객 아직도 사소한 쟁점 하나가 남아 있네.

테아이테토스 그게 뭐죠?

방문객 모든 말은 어떤 것에 대한 말이고, 어떤 것에 대한 말이 아닐 수 없네.

135 logos.

테아이테토스 그렇지요.

방문객 그렇다면 말도 필연적으로 어떤 특성을 띠겠지?

테아이테토스 물론이지요.

방문객 그렇다면 이번에는 우리 자신에게 주의를 기울여보기로 하세.

테아이테토스 당연히 그래야겠지요.

방문객 그렇다면 내가 명사와 동사를 사용하여 사물을 행위와 결합시키는 말을 할 테니, 자네는 이 말이 무엇에 관한 것인지 지적해주게.

263a **테아이테토스** 힘닿는 데까지 그렇게 할게요.

방문객 '테아이테토스가 앉아 있다.' 이것은 아주 긴 말은 아니겠지?

테아이테토스 아주 길지는 않고, 적당히 길어요.

방문객 자네가 할 일은 이 말은 무엇에 관한 것이고, 그 주체는 누구인지 지적하는 것일세.

테아이테토스 그야 분명 나에 관한 것이고, 그 주체는 나겠지요.

방문객 그렇다면 다음은 어떤가?

테아이테토스 그게 뭐죠?

방문객 '지금 나와 대화하고 있는 테아이테토스가 날고 있다.'

테아이테토스 그 말 역시 나에 관한 것이고 그 주체는 나라고 누구나 인정하겠지요.

방문객 그렇지. 그래서 우리는 모든 말은 필연적으로 어떤 특성을 띤다고 말하는 걸세.

테아이테토스 네. b

방문객 우리는 이 말들이 각각 어떤 특성을 띤다고 말해야 하나?

테아이테토스 하나는 거짓이고 하나는 참이에요.

방문객 둘 중 참말은 자네에 관해 존재하는 것들을 존재하는 그대로 말하네.

테아이테토스 물론이지요.

방문객 거짓말은 존재하는 것들과 다른 것들을 말하네.

테아이테토스 네.

방문객 그러니까 거짓말은 존재하지 않는 것들에 관해 존재하는 것처럼 말하는 것일세.

테아이테토스 그런 것 같네요.

방문객 그것은 또한 자네에 관해 존재하는 것들과 다른 것들을 말하네. 각각의 사물과 관련하여 존재하는 것도 많지만 존재하지 않는 것도 많다는 것이 우리 주장이니까.[136]

테아이테토스 그렇고말고요.

방문객 자네에 관한 내 두 번째 말은 우선 발언의 성격에 관한 우리의 정의에 따르면 필연적으로 가장 짧은 말 가운데 하나일세. c

테아이테토스 아무튼 우리는 조금 전에 그 점에 동의했어요.

방문객 둘째, 그것은 필연적으로 어떤 것에 관한 말일세.

136 256e 참조.

테아이테토스 그렇지요.

방문객 그리고 그것이 자네에 관한 것이 아니라면, 다른 어떤 것에 관한 것도 아닐세.

테아이테토스 물론이지요.

방문객 그리고 그것이 어떤 것에 관한 말도 아니라면 결코 말일 수 없을 걸세. 우리는 어떤 것에 관한 것도 아닌 말은 결코 존재할 수 없다는 점을 입증했으니 말일세.

테아이테토스 지당하신 말씀이에요.

d **방문객** 그러나 만약 누가 자네에 관해 말하되 다른 것들을 같은 것들이라고, 또는 존재하지 않는 것들을 존재하는 것들이라고 말한다면, 동사와 명사의 그러한 결합에서 생겨나는 것은 다름 아니라 정말로 그리고 진실로 거짓말인 것 같네.

테아이테토스 그렇고말고요.

방문객 어떤가? 생각과 의견과 환영 같은 유들도 모두 우리 혼 안에서 거짓으로도 참으로도 생겨날 수 있다는 것이 이제는 분명하지 않은가?

테아이테토스 어째서 그렇지요?

방문객 자네가 그걸 좀 더 쉽게 알 수 있는 방법은 먼저 그것들이
e 어떤 것이며, 저마다 어떤 점에서 서로 다른지 파악하는 것일세.

테아이테토스 제발 설명해주세요.

방문객 생각[137]과 말은 같은 것이 아닌가? 생각이라고 불리는 것은 혼의 자기와의 무언의 대화라는 점 말고는 말일세.

테아이테토스 그렇고말고요.

방문객 그러나 입을 통해 혼에서 나오는 소리의 흐름은 말이라고 불리지?

테아이테토스 네, 맞아요.

방문객 그리고 우리가 알기에 말에는 한 가지가 더 포함되네.

테아이테토스 그게 뭐죠?

방문객 긍정과 부정[138] 말일세.

테아이테토스 네, 우리는 그렇게 알고 있어요.

방문객 그런 것이 생각을 통해 소리 없이 혼 안에서 생겨날 때, 자 264a
네는 그것을 의견 말고 다른 이름으로 부를 수 있는가?

테아이테토스 어떻게 다른 이름으로 부를 수 있겠어요?

방문객 어떤가? 의견이 독자적으로가 아니라 지각[139]을 통해 누군가에게 생긴다면, 그런 경험을 환영 말고 다른 이름으로 올바르게 부를 수 있을까?

테아이테토스 다른 이름은 없어요.

방문객 그렇다면 말에는 참말과 거짓말이 있고, 생각은 혼의 자기
와의 대화이며, 의견은 생각의 결말이고, 환영은 지각과 의견의 섞 b
임이라는 것이 밝혀졌네. 그러니 이것들은 말과 친족 간인 만큼,

137 dianoia.

138 phasis kai apopasis.

139 aisthesis.

필연적으로 그중 어떤 것들은 어떤 때에는 거짓일 수밖에 없네.

테아이테토스 물론이지요.

방문객 그렇다면 자네는 우리가 거짓 의견과 거짓말을 조금 전에 예상했단 것보다 더 일찍 발견했다는 것을 알겠는가? 그때는 우리가 그런 것들을 찾는 것은 도저히 끝나지 않을 일에 착수하는 것이 아닌가 하는 두려움을 떨쳐버릴 수 없었으니 말일세.

테아이테토스 알고말고요.

c **방문객** 아직도 남은 일에 낙담하지 말고, 이제 그런 것들이 밝혀졌으니 형상에 따른 이전 분류로 되돌아가세.

테아이테토스 어떤 분류들 말씀이죠?

방문객 우리는 모상 제작술을 닮은꼴 제작술과 환영 제작술이라는 두 종류로 나눈 바 있네.

테아이테토스 네.

방문객 우리는 또한 소피스트를 이 둘 가운데 어느 것에 배정해야 할지 난처하다고도 말했네.

테아이테토스 그랬지요.

방문객 우리가 난처해하고 있을 때 우리의 모든 주장을 반박하는 주장이 등장하여 우리를 더욱더 얼떨떨하게 만들었네. 그 주장인즉, 거짓 같은 것은 어떤 방법으로도, 어느 때에도, 어느 곳에도
d 존재할 수 없으므로 닮은꼴이나 모상이나 환영 따위는 아예 존재하지 않는다는 것이었네.

테아이테토스 맞아요.

방문객 그러나 이제는 거짓말과 거짓 의견이 존재한다는 것이 밝혀졌으니, 존재하는 것들의 모방물들이 존재할 수 있고 그러한 심적 상태에서는 속임수가 생겨날 수 있네.

테아이테토스 물론이지요.

방문객 그리고 우리는 이전 논의에서 소피스트가 이 둘 중 어느 것에 속하는지 이미 합의한 바 있네.

테아이테토스 네.

방문객 그렇다면 우리 앞에 놓인 유를 다시 둘로 쪼개보세. 우리 e
는 앞으로 나아가되 언제나 우리가 나눈 것의 오른쪽 부분을 따라가면서 소피스트가 관여하는 것을 꼭 붙들기로 하세. 그가 다른 것들과 공유하는 것을 우리가 다 벗길 때까지 말일세. 그리하여
그의 고유한 본성만 남게 되면 우리는 그것을 누구보다도 우리 자 265a
신에게 보여주고, 그런 다음 이런 탐구 방법에 본성상 가장 가까운 부류의 사람들에게도 보여줄 수 있을 걸세.

테아이테토스 옳은 말씀이에요.

방문객 처음에 우리는 기술을 제작술과 획득술로 나누었네.

테아이테토스 물론이지요.

방문객 그런데 소피스트는 획득술 중에서도 사냥술, 경쟁, 장사 등등에서 우리 앞에 모습을 드러냈지?

테아이테토스 그랬지요.

방문객 하지만 이제 모방술이 소피스트를 에워쌌으니, 먼저 제작
술을 둘로 나누어야 한다는 것이 분명하네. 모방은 우리 주장에 b

따르면 개개의 사물 자체가 아니라 모상들의 제작이긴 해도 일종의 제작이니까. 그렇지 않은가?

테아이테토스 전적으로 동의해요.

방문객 그렇다면 먼저 제작에는 두 종류가 있다는 것을 인정하세.

테아이테토스 그게 어떤 것들이죠?

방문객 하나는 신적인 것이고, 다른 하나는 인간적인 것일세.

테아이테토스 아직은 이해하지 못하겠어요.

방문객 우리가 처음에 말한 것을 떠올려보세. 처음에 존재하지 않던 것들이 나중에 존재하게 해줄 수 있는 모든 능력을 우리는 제작술이라고 정의했네.

테아이테토스 기억나요.

c **방문객** 죽게 마련인 모든 동물, 씨앗과 뿌리에서 자라는 땅 위의 모든 식물, 녹든 녹지 않든 땅속에 뭉쳐 있는 생명 없는 모든 물체가 이전에는 존재하지 않다가 신이라는 장인 말고 다른 것에 의해 나중에 존재하게 된 것이라고 우리는 주장할 것인가? 아니면 우리는 그런 것들에 대한 일반 대중의 의견에 동의할 것인가?

테아이테토스 그게 어떤 거지요?

방문객 자연이 어떤 자동적이며 생각 없는 원인에서 그런 것들을 낳는다는 의견 말일세. 아니면 우리는 그것들이 이성에 의해, 그리고 신에게서 유래한 신적인 지식에 의해 존재하게 된 것이라고 말할까?

d **테아이테토스** 나는 아마 나이가 젊은 탓이겠지만, 가끔 두 견해 사

이를 오락가락해요. 하지만 지금 그대의 얼굴을 보니 그대는 그것들이 신에 의해 존재하게 되었다고 생각하는 것 같아, 나도 그렇다고 생각할래요.

방문객 훌륭한 말일세, 테아이테토스. 만약 내가 자네를 나중에 생각을 바꿀 그런 부류 중 한 명이라고 생각한다면, 자네가 내 주장에 동의하도록 꼼짝할 수 없는 논리로 강요하겠지. 하지만 나는 자네의 본성이 내가 논리로 강요하지 않아도 자진하여 지금 자네 e
가 끌린다고 말하는 그쪽으로 나아가리라는 것을 알기에 설득하는 일은 그만두겠네. 그건 시간 낭비니까. 그러니 이른바 자연에 의해 만들어졌다는 것들은 신의 기술이 낳은 작품들이고, 그것들을 원료로 해서 인간의 의해 조립된 것들은 인간의 기술이 낳은 작품들이라고 하세. 이 논리대로라면 제작술에는 인간적인 것과 신적인 것 두 종류가 있네.

테아이테토스 옳은 말씀이에요.

방문객 그것들은 둘이니, 그 각각을 다시 둘로 나누게.

테아이테토스 무슨 말씀이신지요?

방문객 전에 제작술 전체를 가로로 잘랐듯이, 이번엔 세로로 자르 266a
라는 말일세.

테아이테토스 잘랐다고 쳐요.

방문객 그리하여 전부 네 부분이 생겨났는데, 그중 둘은 우리와 관계있어 인간적이고 나머지 둘은 신과 관계있어 신적일세.

테아이테토스 네.

방문객 그리고 그것들을 다시 다른 방법으로[140] 나누면, 각 부분의 한 쪽은 사물 자체의 제작이 될 것이고 나머지 두 쪽은 모상의 제작이라고 부르는 것이 가장 적절할 걸세. 그리하여 제작술은 다시 둘[141]로 나뉘었네.

b **테아이테토스** 두 부분[142]이 각각 어떻게 나뉘는지 다시 설명해주세요.

방문객 우리 자신과 다른 동물들과 이들의 구성요소인 불, 물 등등은, 우리가 알기로, 저마다 모두 신이 제작한 사물들 자체일세. 그렇지 않은가?

테아이테토스 그래요.

방문객 그리고 이것들 각각에는 모상들이 뒤따르는데, 모상들은 사물 자체는 아니지만 역시 초인간적인 고안 덕분에 생겨난 것들일세.

테아이테토스 그게 어떤 것들이죠?

방문객 꿈결에 또는 낮에 저절로 생긴다는 환영들 말일세. 그것들
c 은 불 속에 어둠이 생길 때의 그림자이거나, 내부의 빛과 외부의 빛이 반짝이는 매끄러운 표면에서 만나 평상시의 시각에 상반되는 지각을 제공하는 형상을 만들어낼 때의 반사(反射)와 같은 것일세.

테아이테토스 네, 그 둘이 신이 제작한 작품들이에요. 사물 자체와 그 각각에 수반되는 모상 말예요.

방문객 인간의 기술은 어떤가? 우리는 건축술에 의해서는 집 자체

를 짓고, 그림 그리기 기술에 의해서는 깨어 있는 사람들을 위해 인간이 만든 꿈과 같은 다른 집을 짓는다고 말하지 않는가?

테아이테토스 물론 그렇게 말하지요. d

방문객 그렇다면 마찬가지로 다른 경우에도 인간의 제작술이 만든 작품들은 두 가지일세. 사물 자체의 제작술이 만드는 사물 자체와 모상 제작술이 만드는 모상 말일세.

테아이테토스 이제야 더 잘 알 것 같아요. 그래서 나는 제작물에는 두 종류가 있고, 그것들은 저마다 이중적이라는 점을 인정하려 해요. 가로로 나누면 신적인 제작물과 인간적인 제작물이 있고, 세로로 나누면 사물 자체와 그것의 자식인 유사물이 있다고 말예요.

방문객 또한 우리는 모상 제작술의 한 부분은 닮은꼴 제작술이고 다른 부분은 환영 제작술이라는 것을 명심해야 할 걸세. 만약 거 e 짓이 거짓으로서 실제로 존재하고 본성상 존재하는 것들 가운데 하나라는 점이 밝혀진다면 말일세.

테아이테토스 아닌 게 아니라 그랬지요.

방문객 그런데 그렇다는 것이 밝혀졌으니 우리는 이제 주저 없이 닮은꼴 제작과 환영 제작을 별개의 두 종류로 간주해도 되겠지?

테아이테토스 네.

140 가로로. 신적인 것과 인간적인 것으로 나누는 것을 말한다.

141 사물 자체와 모상.

142 신적인 것과 인간적인 것.

267a **방문객** 그렇다면 우리가 환영 제작을 다시 둘로 나눈다고 가정해 보게.

테아이테토스 어떻게 나눈다는 거죠?

방문객 하나는 도구를 통해 만들어지는 환영이고, 다른 하나는 환영을 만드는 사람이 자기 몸을 도구로 사용할 때 생겨나는 것일세.

테아이테토스 무슨 말씀이신지요?

방문객 누가 자기 몸이나 목소리를 사용해서 자네의 몸이나 목소리와 비슷한 것을 만든다면, 환영 제작술의 이 부분은 대개 모방이라고 불리네.

테아이테토스 네.

방문객 우리는 이 부분을 모방술이라고 부르며 거기에만 전념하
b 고, 다른 것은 모두 마음을 느긋이 먹고 다른 사람에게 맡겨서 그가 그것들을 하나로 모아 거기에 적당한 이름을 붙이게 하세.

테아이테토스 우리는 하나에만 전념하고 다른 것은 내버려두기로 해요.

방문객 하지만 테아이테토스, 모방술에도 두 종류가 있다고 생각할 이유가 있네. 왜 그런지 고찰해보게.

테아이테토스 말씀해주세요.

방문객 모방하는 사람들 가운데 어떤 사람들은 자기가 무엇을 모방하는지 알고 모방하고, 어떤 사람들을 모르고 모방하네. 그런데 모르는 것과 아는 것보다 더 큰 차이가 어디 있겠는가?

테아이테토스 더 큰 차이는 있을 수 없어요.

방문객 그런데 우리가 조금 전에 말한 모방은 아는 사람들의 모방이 아니겠는가? 누가 자네를 모방하려면 자네와 자네의 겉모습을 알아야 할 테니까.

테아이테토스 물론이지요. c

방문객 정의와 미덕 일반의 겉모습은 어떤가? 많은 사람들이 그에 관한 지식은 없고 의견만 갖고 있으면서도 자신들이 그렇게 의견만 갖고 있는 것을 실제로 갖고 있는 것처럼 보이려고 열심히 노력하며, 말과 행동으로 그것을 최대한 모방하지 않는가?

테아이테토스 아주 많은 사람들이 그렇게 해요.

방문객 그리고 그들은 전혀 올바르지 않으면서 올바르게 보이는 데 모두 실패하는가? 아니면 사실은 그와 정반대인가?

테아이테토스 정반대예요.

방문객 그렇다면 모르면서 모방하는 자는 알면서 모방하는 자와 d
는 다른 사람이라고 해야 할 것 같네.

테아이테토스 네.

방문객 그렇다면 그것들 각각을 위해 어디서 적당한 이름을 구할 수 있을까? 그것은 분명 쉬운 일이 아닐세. 옛사람들 사이에는 어떤 태만함과 산만함이 있어서, 이것이 유를 형상에 따라 구별하는 것을 방해한 것 같으니 말일세. 그러니 이름이 넉넉할 수가 없지.
그럼에도 우리는 구별을 위해 좀 대담한 표현이긴 하지만 의견에 e
근거한 모방은 의견 모방술[143]이라 부르고 지식에 근거한 모방은 과학적인 모방[144]이라 부르기로 하세.

테아이테토스 그렇게 하시죠.

방문객 그렇다면 우리의 관심사는 전자일세. 소피스트는 아는 사람들이 아니라 모방하는 사람들에 속하니까.

테아이테토스 그렇고말고요.

방문객 그렇다면 우리는 의견 모방자를 무쇠인 양 살펴보기로 하세. 그가 건강한지, 아니면 그의 안에 어떤 균열이 생겼는지 보기 위해서 말일세.

테아이테토스 살펴보기로 해요.

방문객 아닌 게 아니라 그의 안에는 몹시 큰 균열이 생겼구먼. 의
268a 견 모방자들 중 한 부류는 순진해서 자기가 의견만 갖고 있는 것들을 안다고 생각하네. 토론에 능한 다른 부류는 자기가 남들 앞에서 아는 척하는 것을 사실은 모르는 것이 아닐까 의심하고 두려워한다네.

테아이테토스 그대가 말씀하신 두 부류가 존재한다는 것은 확실해요.

방문객 그렇다면 우리는 한쪽은 단순 모방자로, 다른 한쪽은 위장 모방자[145]로 간주할까?

테아이테토스 그러는 게 적절할 것 같아요.

방문객 그렇다면 위장 모방자는 한 종류인가, 아니면 두 종류가 있는가?

테아이테토스 그대가 직접 보세요.

b **방문객** 보아하니, 두 명이 분명하게 내 앞에 모습을 드러내는구

면. 내가 보기에 한 명은 공석에서 대중에게 긴 연설을 하여 위장할 수 있는 사람이고, 다른 한 명은 사석에서 짧은 말로 대담자가 앞뒤가 맞지 않는 말을 하도록 강제하는 사람일세.

테아이테토스 지당하신 말씀이에요.

방문객 우리는 긴 연설을 하는 사람을 무엇이라고 선언할까? 정치가라고 할까, 아니면 대중 연설가라고 할까?

테아이테토스 대중 연설가라고 해요.

방문객 다른 사람은 무엇이라고 할까? 현자[146]라고 할까, 아니면 소피스트라고 할까?

테아이테토스 그는 현자일 수 없어요. 우리는 그를 무지한 사람으로 간주했으니까요. 그러나 그는 현자를 모방하는 사람이므로 분명 '현자'에서 파생된 이름을 가지겠지요. 그리고 나는 우리가 그를 다름 아니라 진정한 소피스트라고 불러야 한다는 것을 이제 알 것 같아요. c

방문객 그러면 아까 그랬듯이 그의 이름을 모두 한데 모아 역순(逆順)으로 엮어볼까?

테아이테토스 물론 그래야지요.

143 doxomimetike.

144 historike mimesis.

145 eironikos mimetes. eironikos는 영어 ironic의 어원으로, 문맥에 따라서는 '반어적인'으로 번역할 수 있다.

146 sophos.

방문객 그렇다면 앞뒤 맞지 않는 말을 하게 하며, 의견에 근거한
d 기술의 위장하는 부분을 모방하는 자. 모상 제작술 중에서도 환영을 제작하는 부류에 속하며, 제작 중에서 신적인 것이 아니라 인간적인 것으로 분류된 말로 요술을 부리는 부분을 모방하는 자. 누구든 소피스트가 '이러한 가문과 혈통'[147]에서 태어났다고 말하는 사람이라면 아마 가장 옳은 말을 하게 될 걸세.

테아이테토스 전적으로 동의해요.

147 『일리아스』 6권 211행.